동화 작가를 위한

논픽션
글쓰기의
모든 것

동화 작가를 위한
논픽션 글쓰기의 모든 것

• 한정영 지음 •

스토리텔링의 전략적인 글쓰기

미래문화사
MIRAE

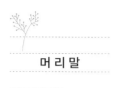

반전으로 시작하기

어린이 교양 도서 혹은 정보책으로 더 잘 알려진 어린이 논픽션은 그동안 '비문학'이라 통칭되며 작가 지망생들에게는 큰 관심의 대상이 아니었습니다. 그래서 동화나 소설에 비해 창작방법론에 관한 책은 확연히 적게 출간되었습니다.

여기에는, 비문학이라는 용어에서 알 수 있듯이 문학(종사자)의 배타성이 작용한 탓도 있고, 이러한 일련의 과정에서 '논픽션은 아무나(문학 장르로 등단한 작가가 아닌 사람) 쓸 수 있는 글'이라는 인식이 지배하고 있기 때문입니다. 그래서 어린이 논픽션은 제대로 조명받지 못했습니다.

그런데 참고서류를 제외한다면, 어린이 논픽션은 창작 동화와 함께 어린이 독서 시장을 양분하고 있습니다. 실제로 수많은 어린이 논픽션 작가들이 지금도 책을 내고 있으며, 이 중 어떤 책은 창작물보다 훨씬 큰 성과를 거두고 있지요. 바로 '미등단' 작가들이 쓴 책이 말입니다. 그러나 이를 뒤집어 생각하면, 등단이라는 지난한 과정을 거치지 않고도 책을 내고 작가가 될 수 있다는 점을, 더 매력적으로 생각해야 하지 않을까요?

창작 이론서, 무엇이 중요할까?

시중에 나와 있는 상당수의 일반 글쓰기 책은, 그 쓰임새와 목적이 모호하고, 창작이론서의 많은 수는 연구자들의 연구 실적의 하나에 불과한 경우가 많습니다. 특히 후자의 경우, 독자(작가 지망생) 중심이 아닌 저자 중심의, 즉 화려한 색인과 인용을 통해 주의와 주장을 펼치려는 시도가 적지 않습니다. 물론 대부분 창작 경험이 없기 때문입니다. 그러나 창작 이론서는 단순한 연구의 성과가 아닌, 보편적 창작 방법론을 아우르는 동시에 창작자로서 작가 개인의 노하우, 즉 경험의 집적물이어야 합니다. 그래야 독자의 편에서, 시작(아이디어 단계)부터 끝(탈고)까지 촘촘하게 안내할 수 있습니다.

이를테면 작가 지망생에게 더 중요한 것은, 마지막 교정본을 두고 얼마나 훌륭한지를 따지는 일이 아니라, 아이디어 하나가 원고로 탄생하기까지의 과정을 이해하는 일입니다. 아이디어는 어떻게 내는지, 처음과 중간과 끝은 어떻게 써야 하는지, 수정은 어떤 순서로 하며, 이때 필요한 실질적 자세(마인드)는 무엇인지…….

이와 같은 과정을 공유하지 않으면, 모든 창작 입문서는 비평서의 범주에서 크게 벗어나기 힘들 것입니다.

과정을 공유하는 것

《어린이 논픽션 작가 수업》은 '과정'에 중점을 두었습니다. 이론을 되새기는 일이 아니라, 아이디어를 얻는 방법은 물론, 어린이 논픽션 작가에게 꼭 필요한 독서 요령, 나아가 출판 기획안을 쓰고, 출간 가능성을 염두에 둔 샘플 원고를 써서 완성해 가는 프로세스를 담았습니다.

그러므로 이 책 안에 담긴 모든 내용은, 예측이나 대략적 아우트라인이 아닙니다. 연구자의 이론서에 기대지 않았으며, 창작자로서 수업 중에 실제로 여러 작가들과 함께 논의하고, 합평하며, 마침내 책으로 나오게 된 과정을 바탕으로 했습니다. 그렇게 쓰인 책들 중 일부는 공모전에 당선되었고, 여러 기관에 추천되었으며, 필독 도서가 되고 독서감상문 대회의 지정 도서가 되었습니다. 그 모든 책이, 독자들의 집필 멘토로 활용될 것입니다.

이 책을 어떻게 활용할 것인가?

'어린이 논픽션 작가가 되려면?'에서는 어린이 시장의 전반적 이해와 작가가 되기 위한 사전 준비에 대한 이야기를 다룹니다. 여기에서 우리는 어린이 논픽션 작가가 될 수 있는지 스스로를 점검할 수 있습니다. 그리고 '무엇을 기획하고 어떻게 쓸까?'에서는 실제적인 기획의 과정을, A에서 Z까지 상세하게 안내했습니다. 자료를 읽는 방법부터, 이것들을 분류하고, 직접 집필하는 순서를 모두 담았습니다. 여기에 더하여 문장을 쓰는 방법과 보다 실질적인 필사의 방법까지 다루었습니다. 아울러 '90%의 해답, 에듀테인먼트 스토리텔링'에서는 점차 어린이 논픽션 시장에서 주류가 되어 가고 있는 에듀테인먼트 스토리텔링에 대한 창작 방법론을 서술했습니다. 특히 서사 창작의 원리를 디테일하게 학습하지 않고도 보다 빠르게 이 분야의 저술 방법에 접근할 수 있는 노하우를, 스토리텔링의 목적에 따라, 또한 장·단편을 나누어 상세한 예시와 함께 디테일하게 풀어놓았습니다.

그리고 '작가가, 작가에게 하는 질문 22'를 빼놓지 말고 살펴 주세요. 여기에는 작가지망생이었다가 마침내 작가의 길을 걷게 된 30여 명의 논픽션 작가들에게 책을 쓰면서 궁금했거나, 여전히 풀리지 않는 의문을 듣고, 그것을 간추린 뒤에 답을 했습니다. 어쩌면 본문 외에, 이곳에서 뜻밖의 해답을 얻어 낼 수도 있습니다.

끝으로, 이 책을 쓸 수 있도록 작품의 인용을 허락해 준 모든 출판사에 고마움을 전하며 미래문화 출판사 대표님, 책이 나오기까지 수고로움을 아끼지 않은 모든 분들에게도 뒤늦게나마 감사를 전합니다. 무엇보다 저와 함께 같은 길을 가고 있는 JY 작가님들의 건필을 기원합니다.

차 례

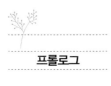

어린이 논픽션, 무엇부터 시작할까

"아이들 책이 오히려 더 쓰기가 어려운 것 같아요."

어린이 논픽션 수업을 하다 보면 가장 많이 듣는 말 중 하나입니다. 무슨 특별한 이유가 있을까요?

어떤 분야든 처음이라면 어린이책을 쓰는 일만 유독 어려울 리는 없습니다. 소설이든 동화든 각각의 장르적 특성을 이해하고 저마다의 형식을 갖추는 일부터 녹록치 않지요. 하지만 어린이책에 대한 어려움은 전술한 어려움 외에도 어린이 독자에 대한 이해가 선행되어야 하기 때문일 것입니다.

동심을 이해해야 한다는 둥, 교과서적인 이야기를 하려는 것이 아닙니다. 어린이책을 쓰는 작가들은 어린이에 대한 이해가 보다 현실적이어야 한다는 뜻입니다.

어린이는 수신자(독자)로서 발신자(작가)와 다른 언어를 사용하고, 다른 방식으로 사고하고 판단하는 존재입니다. 즉 서로 간에 소통의 어려움이 있다는 뜻입니다.

잘 알다시피 어린이는 어떤 대상(상대나 눈앞에 펼쳐진 상황)에 대해 감정적으로 판단하고, 이성적인 사고를 하기보다는 즉흥적일 때가 많습니다. 본능을 숨기지 않으며, 호불호에 대한 표현이 빠릅니다. 물활론(物活論, animism)적 사고가 남아 있고, 개념적 사고보다는 원시적 사고를 합니다. 여기에 더하여 실제로 알고 있는 어휘의 수가 적고, 사용 방법도 다채롭지 않습니다.

하지만 어른은 이들에 비해 이성적이고, 논리적이며 추상적 사고를 합니다. 어휘 수가 어린이에 비해 배가 넘으며, 문법 구조에 따라 적확한 문장을 쓸 줄 알지요. 그래서 만약 작가(발신자)가 자신들의 세계에서 사용하는 방식으로 언어를 사용하면 독자(수신자)와의 의사소통에 실패합니다.

이를테면 발신자로서 작가는, 수신자가 자신과는 전혀 다른 세계에 살고 있다는 것을 인정해야 합니다. 이것이 정말 중요한 또 하나의 이유는, 그래야만 독자를 단지 교화(또는 교육) 대상으로 보지 않고 그 '이상하고도 신기한' 세계에 사는 독립적 개체로 받아들일 수 있기 때문입니다. 물론 그래야만 그들에게 필요한 책을, 그에 맞는 적절한 방법으로 써낼 수 있습니다. 이때의 적절한 방법이란 정확한 단어의 사용은 물론 내용의 난이도까지 포함됩니다. 이는 어린이와 어른이 내재하고 있는 스키마의 폭과 깊이에서 큰 차이가 있기 때문에라도 반드시 필요한 일입니다.

그러므로 만약 작가가 그 '적절한 방법'을 찾아내지 못한다면, 아직 어린이책을 쓸 준비가 덜 되었다는 뜻입니다. 즉 어린이책을 쓰는 작가들에게 끊임없이 '(독자의 연령층을 고려해) 이해하기 쉬운 단어를 사용하라'는 말을 반복적으로 하는 이유가 여기에 있습니다.

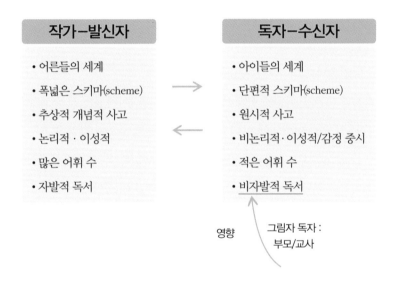

작가와 독자의 세계

어린이 논픽션 책에는 실제 독자와 비실제 독자라는 두 층의 독자가 존재하는 탓에 어려움이 발생합니다.

실제 독자는 어린이입니다. 그러나 어린이 독자는 경제적인 이유 등으로 책을 선택할 수 있는 권리가 제한적입니다. 어린이가 읽는 책 상당수는 대체로 어른(부모와 선생님)의 권유 등에 의해서 선택된 것인데, 이 선택 과정에서 어른의 이데올로기가 작동하며 이후 독서 습관과 지적 관심사에 지대한 영향을 미칩니다. 그래서 이 과정에 관여하는 어른을 '그림자 독자'라 부르기로 합니다. 이들의 횡포(?)는 때때로 지나쳐서 실제 독자는 종종 자신의 욕망과는 이반되는 독서를 경험합니다.

그렇다면 작가는 어떨까요? 물론 작가는 실제 독자를 염두에 두고 글을 씁니다. 그들에게 맞는 언어를 사용하고, 난이도를 조정하지요. 하지만 작가 역시 그림자 독자의 영향에서 자유로울 수 없습니다. 내용의 특성상 논픽션이 창작 동화보다 그림자 독자의 영향을 더 많이 받기 때문입니다. 왜냐하면 논픽션이란 대체로 '지적 정보를 전달하는 책'으로 정의되며, 이는 그림자 독자에게는 '학습에 도움이 되는 책'으로 이해되기 때문입니다. 그러므로 최악의 경우, 아무리 재미있고 유익한 내용이 담겨 있더라도 학습에 도움이 되지 않으면 그림자 독자에게는 '구입할 필요가 없는 책'으로 치부될 가능성이 높습니다.

그러므로 작가는 실제 독자는 물론, 그림자 독자까지 만족시킬 만한 책을 써야 합니다. 이는 결코 쉽지 않은 일입니다. 양쪽의 눈치를 보는 일일 수도 있고, 아슬아슬한 줄타기를 하는 모양새를 취할 수도 있습니다. 그림자 독자는 논픽션의 용도(?)에 맞게 더 많은 정보가 들어 있는 책을 원하지만, 어린이는 오로지 정보로만 가득한 책에 흥미를 느낄 리 없습니다. 그 때문에 작가는 물론이고, 편집자도 나서서 이 두 층위의 독자를 동시에 만족시킬 만한 책을 만들기 위해 머리를 짜냅니다.

어린이책을 쓰기가 어려운 또 하나의 이유는, 작가가 어린이 독자와의 소통을 위해서 지금까지 아무것도 하지 않았기 때문입니다. 독자가 좋아하는 화제에 대해서 관심을 갖거나, 그들이 잘 가는 장소를 방문하거나, 독자가 많이 읽은 책을 성심껏 읽거나, 대화를 나누어 보거나 하는 일들 말입니다. 이것은 작가가 독자와의 수평적 시선을 유지하기 위해서 필요한 작업이며, 이때 수평적 시선이란 독자가 보는 것을 똑같은 눈높이에서 보고 독자가 이해하는 방식으로 (세계를) 이해하며 독자가 좋아하는 것을 함께 좋아하는 일을 말합니다. 그러므로 수평적 시선은 독자에게 필요한 책을 써내는 데 반드시 갖추어야 할 요소입니다.

이 중 그 어떤 시도도 하지 않은 채 어린이책의 작가가 되려는 것은 위험한 발상입니다. 그런 작가는 보통의 어른처럼 독자를 대상화시키고, 그럼으로써 그들을 훈육하려 들 것이기 때문입니다. 어린이 독자에 대해 아는 것이라고는 고작 자신의 어렸을 때 기억밖에 없을 테니까요. 물론 그 기억은 일방적으로 훈육받은 자신의 모습일 테고요.

그래서 유독 어린이책이 어렵다는 분들에게 되묻습니다. 미래에 자신이 쓴 책의 독자가 될 아이들을 이해하기 위해서 어떤 노력을 해 보았나요? 라고. 아울러 독자가 잘 읽는 책들을 몇 권이나 읽었는지도 묻습니다.

요지는 발신자로서의 작가가 수신자로서의 독자(어린이)와 적극적으로 소통하려는 자세를 가져야만 한다는 것입니다. 이런 노력이 우선되지 않으면 작가는 독자가 원하는 것—그것이 내용이든 전달 방식이든—을 알 수 없고, 그로 인해 어린이책 쓰기에 대한 어려움은 더 가중될 것입니다. 사실 어린이책 쓰기의 어려움은 지식이 부족해서 오는 게 아니라 그들의 세계를 충분히 이해하지 못하는 데서 발생하는 것이니까요.

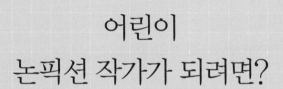

어린이
논픽션 작가가 되려면?

01

어린이 교양 도서,
또는 정보 책으로서 어린이 논픽션

편집자에게는 어린이 논픽션이란 말보다 '어린이 교양 도서' 또는 '어린이 정보책'이란 용어가 더 잘 알려져 있을 것입니다. 교양 도서라는 말은 비문학 도서의 다른 말일 테고, 정보 책이라는 말은 책의 목적과 관련하여 상당수가 학습에 관련, 또는 도움이 되는 정보를 제공하고 있기 때문이겠지요. 여기에서 참고서나 문제집 같은 직접적 학습서는 제외합니다.

실제로 어린이 논픽션은 최근 들어 더더욱 교과 과정에 밀착되는 현상을 보여 주고 있습니다. 물론 이는 우리나라의 과열된 교육 현실의 한 반영이기도 합니다. 무엇보다 실제 독자(어린이)의 의지와는 상관없이 '공부가 되는 책'을 읽히려는 실구매자(그림자 독자)의 의중에 부응하기 위한 판매자(출판사)의 고심이 담겨 있기도 합니다. 앞서 말했듯이 어린이책은 독자와 실구매자가 다르다는 난점을 안고 있습니다.

단순하게 말하자면, 어린이 논픽션은 참고서와 학습지를 제외하면 문학 도서(동화, 동시 등)와 함께 어린이 도서 시장을 양분하고 있습니다. 창작을 제외한 모든 어린이 도서를 의미한다고 봐도 무방합니다. 역사, 과학, 인물, 자기계발, 처세(세상에 어린이에게 처세라니?), 예술 등의 모든 분야를 포함하는데, 이들의 공통점은 어린이 독자에게 끊임없이 학습에 도움이 되거나 직·간접적으로 필요한 정보를 제공하고 있다는 것입니다.

《스토리텔링 초등 한국사》(북멘토, 2015)나 《처음 세계사》(RHK, 2014)는 가장 익숙한 유형의 어린이 논픽션입니다. 특히 《스토리텔링 초등 한국사》는 실제 초등 5~6학년 교과서에 담긴 내용을 그대로, 그러나 훨씬 읽기 쉽고 자세하게, 보다 많은 사진 자료와 함께 담아내고 있습니다. 《역사가 숨 쉬는 세계 별별 마을》(종이책, 2017)은 유네스코가 지정한 세계 각국의 마을에 관한 정보를 담은 책이고, 《모기가 아이티 공화국을 세웠다고?》(가교, 2014)는 '역사를 바꾼 동물 이야기'라는 부제가 있듯이

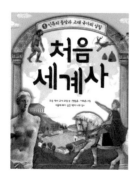

역사에 큰 영향을 끼친 동물들의 여러 사례를 담고 있지요.《초등학생을 위한 개념 과학 150》(바이킹, 2018)은 초등학생이 알아야 할 과학 정보를 150가지 짧은 상식으로 모아 놓았습니다. 이것들이 이른바 전통 논픽션 입니다.

여기에 최근 각광받고 있는 에듀테인먼트 스토리텔링(Edutainment Storytelling) 역시 어린이 논픽션에 포함시킬 수 있습니다. 이전에는 학습 동화라는 이름으로 종종 언급되었습니다. 분야에 따라 과학 동화, 수학 동화와 같은 식으로 불렸는데 모두 정보의 전달, 혹은 학습 효과의 배가를 위해서 스토리텔링을 글쓰기 방법론으로 끌어들인 것입니다. 원래의 목적은 전통 논픽션과 같으며, 이야기를 통해 정보를 녹여냈다고 이해 하면 됩니다.《금국자 선생님의 수상한 요리 교실》(북멘토. 2018)은 전체가 장편 동화로 이루어진, 요리사를 꿈꾸는 한 소녀의 성장담입니다. 요리 사가 되기 위해 아빠 몰래 요리를 배우러 다니며 좌충우돌하는 흥미로 운 이야기가 전개되지만, 이 과정을 통해서 요리사가 되기 위한 덕목 등 을 정보로 제공하고 있습니다. 그런 측면에서 에듀테인먼트 스토리텔링 은 '기획 동화'라고 불리기도 합니다.《재난에서 살아남는 10가지 방법》 (종이책, 2017) 역시 지진과 조난, 폭서 등 실제 재난을 겪는 아이들의 이 야기를 실감나게 담고 있지만, 실은 재난이 닥쳤을 때, 아이들의 대피 요령 등에 대한 정보가 이야기 속에 녹아 있습니다.

사실 에듀테인먼트 스토리텔링은 이제야 그 진가를 인정받아서 그렇 지, 어린이 논픽션 작가들은 이미 시장을 앞서 글을 써 왔습니다. 물론 지금은 더 다양한 분야로 확산되는 중이며, 계속 진화하고 있습니다. 이는 스토리텔링으로 얻는 긍정적인 효과 때문입니다. 흥미를 이끌어 내 호기심을 갖게 하고, 그에 따라 어린이 독자의 접근성 및 친밀도를 높여 주며, 여기에 더하여 이야기가 갖고 있는 최대의 효과, 즉 감동까지 불러일으킬 수 있기 때문이 아닐까요? 감동의 폭이 클수록 그 이야기는 오래 기억에 남으니까요. 물론 정보의 내용까지 포함해서.

그림자 독자는 어떤 책을 눈여겨보는가?

출판사의 편집자는 본문 글은 어린이의 눈높이에 맞추되, 팁이라든가 정보 페이지는 최대한 많은 정보를 넣어 어른이 지갑을 열어야 하는 이유를 만들려고 한다. 그리고 다양한 그림과 사진 등의 시각 자료를 사용하여 이 책이 학습적 목적에 충실함을 어필한다. 학습 내용이 풍부하다는 것은 그림자 독자를 만족시킬 수 있는 최고의 조건으로, 《처음 세계사. 1》(주니어RHK, 2014)는 이에 매우 충실한 책이다. 팁을 이용해 어려운 단어를 해설하고, 그림과 함께 사진 자료까지 넣음으로써 실제 독자들에게는 접근성을 확보하고 동시에 그림자 독자에게는 이 책이 얼마나 학습 내용에 충실한지 보여 준다. 최근에는 이것으로도 모자라 상당수의 어린이 논픽션에서 꼭지마다 교과 과정을 표시해 둔 것을 발견할 수 있다.

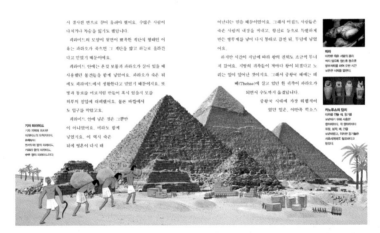

〈처음 세계사. 1〉 본문

02

어린이 논픽션,
어떤 것이 있을까?

　논픽션 작가가 되고자 하는 사람 대부분은 호기롭게 자신이 쓰고 싶은 것을 쓰겠노라고 말합니다. 원래 작가는 그래야 하는 것 아니냐고 말하기도 합니다. 하지만 그렇지 않습니다. 실력이 뒷받침되지 않는 자존심은 오만일 뿐이지요.

　책을 낸다는 일은 단순히 글을 쓰는 일이 아닙니다. 좋은 문장을 가져야 하는 것은 물론이고, 독자를 만족시켜야 하며, 그것이 책으로서의 가치가 있는지도 판단해야 합니다. 보이지 않는 형식이 있고, 적절한 시기도 고려해야 합니다. 한마디로, 그것이 하나의 상품으로서 가치가 있어야 합니다.

　그래서 다시 묻습니다. 이 모든 것이 준비되었습니까?

　그리고 또 하나, '당신이 쓰려는 그 분야가 정말로 당신이 가장 잘할

수 있는, 혹은 가장 흥미를 느끼는 분야가 맞습니까?'

무엇보다 다양하게 경험해 보지 않으면 정말로 자신이 가장 잘할 수 있는 분야를 찾아낼 수 없습니다. 보통 어떤 것을 쓰겠노라는 의지가 확고한 사람일수록 특정한 분야에 몰입하고, 다른 분야에 소홀하게 마련입니다.

그 때문에 도리어 다양한 분야의 쓰기를 경험해 보는 것이 유용하며, 자신의 숨겨진 재능을 발견하기 위해서도 이와 같은 수고는 절대적으로 필요합니다. 게다가 '논픽션은 지루하고 딱딱하다'는 편견을 극복하기 위하여 다양한 수사법을 사용하고 있는데, 이를 습득해 두는 것도 이후의 글쓰기에 도움이 됩니다. 그래서 어린이 논픽션은 그 어떤 분야보다 다양한 글쓰기 방법론을 요구합니다. 이를테면 단순한 입말체의 서술부터 편지글, 일기체, 보고서, 보도문 형태를 흉내 낸 글쓰기 등이 모두 해당됩니다. 이는 독자와의 친밀도를 높여 접근성을 확보하기 위해서입니다.

그래서 어린이 논픽션 수업을 시작하면서 강조하는 말은 '가능한 모든 분야를 다양한 방법으로 써 보십시오'입니다. 자신의 전공을 고집하지 말고, 도리어 모두 비운 상태에서 다시 시작할 것을 권합니다. 전혀 모르는 것보다 어설프게 아는 것이 글쓰기에는 더더욱 위험하니까요. 많은 어린이 논픽션 작가의 면면을 보면 국문학 전공자가 과학책을 꾸준히 쓰거나, 과학 전공자가 역사 분야의 스테디셀러를 발표하는 경우가 드물지 않습니다.

내용적으로 분류하면, 어린이 논픽션의 종류는 성인들의 그것과 크게 다르지 않습니다. 아래의 그림에서 보듯이 역사, 과학, 인물은 물론 성인 단행본 영역에나 있을 법한 자기계발이나 심지어 처세 분야의 책까지 출판되고 있습니다. 최근에는 두 분야를 섞어 놓은 듯한 '융합 콘텐츠'가 다양하게 개발되고 있어서 분야를 특정하기 모호한 책들도 많습니다. 이 말은 작가가 개발하기 나름이란 뜻이기도 합니다.

역사는 2018년 수능부터 필수 과목으로 지정된 이후 어린이 논픽션의 가장 뜨거운 분야가 되었습니다. 크고 작은 출판사에서 앞다투어 통사 중심의 역사책을 펴냈는데, 이는 어린이 논픽션이 교육 과정의 개편 등에 매우 취약하다는 방증이기도 합니다. 하지만 작가의 입장에서 보면 트렌드를 반영한 기획의 출발점이 그곳이라는 점을 적시해 주기도 하지요.

어린이 논픽션, 어떤 것이 있을까?

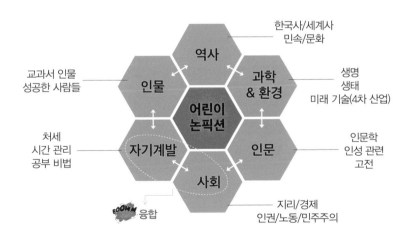

과학은 용어나 개념을 설명하는 학습 친화적 책에서 출발하여 Q & A 형식의 단편 지식을 전달하는 책, 그 이후에는 환경 관련 도서가 유행한 적이 있었고, 지금은 미래 기술이나 에너지, 4차 산업혁명 관련 도서가 주류를 차지하고 있습니다. 이는 창작 동화 시장에도 영향을 미쳐서, 다양한 환경을 주제로 한 동화가 이미 많이 나왔습니다. 그리고 지금은 4차 산업혁명과 연관된 과학 동화가 주목받고 있습니다.

성인 도서의 입김을 많이 타는 분야 중 하나가 인문과 경제 분야입니다. 인문학은 한편으로는 '인성 교육'과 맞물리고 또 다른 한편으로는 성인 시장의 인문학 열풍에 부응하며 함께 트렌드화되었지요. 어른들의 시쳇말로 '각박한 세상'을 정화할 유일한 대안이 휴머니즘이기 때문일 것입니다. 이러한 관심은 《아홉 살 마음 사전 2》(창비, 2017), 《아름다운 가치 사전 2》(한울림어린이, 2015)처럼 기존의 소중한 가치를 다시 한번 음미해 보는 도서들을 베스트셀러의 반열에 올려놓았습니다.

사회 분야의 뜨거운 반응이 경제 분야에서 나온 적이 있습니다. 지금은 주춤한 상태이긴 하지만 2008년 즈음 전 세계가 금융 위기를 맞으면서 경제 도서가 성인 시장을 휩쓸었지요. 이때 덩달아 어린이 논픽션 시장에도 경제 도서가 넘쳐났습니다. 특히 '부자 되기'류의 책이 많이 읽혔습니다. 경제 불안이 '어린이 시절에 미리 경제관념을 철저하게 심어 주어야겠다'는 어른들의 생각을 부추겼고, 어린이 논픽션 분야에도 크게 영향을 미쳤던 것입니다.

최근 사회 분야에서 활발하게 논의되는 주제 중 하나가 인권입니다.

사회적 약자에 대한 대중의 관심을 반영하는 것인데, 어린이 인권은 물론 난민 문제, 페미니즘을 넘어 동물권에 이르기까지 다양한 어린이 논픽션이 출간되고 있습니다. 또한 촛불 시위 이후 민주주의에 대한 관심이 급증하면서 이와 관련된 어린이 논픽션이 탄력을 받았고, 2018년 남북 화해 무드가 조성됨으로써 분단과 통일 주제가 새롭게 주목받기 시작했지요.

이 외에 공부 방법 등을 중심으로 한 자기 계발 도서와 성공한 인물에 대한 소개를 담은 책들도 꾸준히 개발되고 있는데, 이들 분야는 직접 독자보다 그림자 독자의 구매욕을 더 자극했다고 볼 수 있습니다.

최근에는 이에 더하여 융합 콘텐츠가 활발하게 출판되고 있습니다. 메인 테마의 흥미를 끌기 위해서 전혀 다른 영역에서 모티프를 끌어오는 것입니다. 이때 서로 다른 테마가 맞부딪치면서 시너지 효과를 내게 됩니다.

이를테면, 《발바닥 세계사 춤 이야기》(가교, 2015)는 우리가 익히 이름을 들어왔던 춤에 대해서 소개하면서 아울러 그 춤이 발생한 나라와 민족의 역사를 재미있게 풀어 주는 방식을 택하고 있습니다. 그럼으로써 어린이 독자에게 생소한 집시와 같은 소수 민

족이나 남미 등의 역사와 문화에도 관심을 갖게 하였습니다.

《길바닥 세계사 음식 이야기》(가교, 2016) 역시 같은 방식입니다. 어린이들이 좋아하는 길거리 음식을 각 나라의 역사와 함께 소개함으로써 흥미를 유도했습니다. 《식탁 위의 세계사》(창비, 2012) 이후, 이러한 융합 기획은 매우 활발하게 출판되고 있습니다. 다만 이처럼 융합 기획에 능수능란한 작가가 되려면, 다양한 분야의 기반 지식이 필요합니다. 기반 지식의 영역이 넓을수록 융합 기획은 수월해질 수 있다는 뜻이지요. 이때 기반 지식이란, 기획의 직접적 모티브를 제공하거나 아이디어의 기본적 바탕이 될 수 있는 지식을 말합니다. 즉 어린이 논픽션은 기존의 지식을 바탕으로 창작되므로, 기반 지식의 범위는 다양할수록 좋습니다.

이처럼 어린이 논픽션 시장은 성인 시장만큼 다양하며, 지금도 그 저변을 넓혀가고 있습니다. 그러므로 논픽션 작가가 되려 한다면, 우선 그 다양성에 관심을 갖고 여러 영역을 접해 보는 것이 유익합니다.

03

어린이 논픽션의
위상

작가가 자신의 개별적인 상상력을 더 중시하느냐, 아니면 객관적 정보에 더 많이 의존하느냐에 따라 창작과 논픽션은 일차적으로 구분됩니다. 당연히 어린이 논픽션은 객관적 정보에 더 많이 의존합니다.

보통 창작(동화나 소설)은 자신이 구축한 이야기의 디테일을 심화하거나 리얼리티 등을 확보하기 위해 정보를 끌어옵니다. 물론 이때, 정보는 이야기를 발전시키거나 특별한 경우 모티브로 기여하는 정도입니다. 본질적으로 정보의 전달이 목표가 아니란 뜻입니다. 즉 창작에서 정보는 이야기의 보완 및 강화 등에 따라 필요한 만큼 소요됩니다. 이때 상당수의 작가는 정보의 양을 최소화하는 게 보통입니다. 정보가 다량 투입되면 이야기가 지루해지거나 어려워질 수도 있기 때문이지요. 또한 정보는 대체로 설명의 형태로 전달되기 때문에 작품으로서의 완성도가 떨어집니다.

반대로 어린이 논픽션은 이미 정해진 주제가 있어서 그 정보를 독자 대상에 맞게 재배열하고 재배치하는 형태로 진행됩니다. 그러므로 개인적 상상력은 상당 부분 제한됩니다. 정보의 전달이 본 목적이기 때문에 개인의 판단이나 생각이 지나치면 자칫 잘못된 정보를 전달할 수도 있기 때문입니다. 정보의 정확성이 떨어지면 어린이 논픽션은 진정성을 의심받습니다. 이것은 논픽션의 본질에도 어긋나는 일이지요.

상상력의 역할

그럼에도 불구하고 어린이 논픽션에서 개인적 상상력이 필요하다는 것은 좀 의외의 일이 아니냐고요? 그렇지 않습니다. 상상력은 다만 동화나 소설에서 말하는, 새로운 인물을 창조하고 다양한 사건을 집어넣는 이야기 구조를 생각해 내는 능력만을 의미하지는 않습니다.

상상력이란 전혀 엉뚱한 곳에서도 아이디어를 떠올리는 것까지 포함해 기존의 정보를 재배치하고 조합하거나 압축, 확장 등의 모든 기능을 제어하는 역할을 합니다. 심지어 이런 단어가 어울릴지 저런 단어가 어울릴지를 결정하는 것도 작가적 상상력의 소산입니다. 그 때문에 비슷한 내용의 책이라도 다르게 읽힐 수 있는 것이며, 아무리 논픽션이라고 하더라도 작가의 색채가 드러나게 마련이지요. 같은 주제이지만 다른 방식으로 쓰이는 것도 작가마다 상상력이 다르게 발현하기 때문입니다.

그래서 작가는 동화 작가이든 논픽션 작가이든 끊임없이 상상력을 계발하는 데 힘써야 합니다. 상상력이 빈약한 작가가 논픽션을 쓰면 기존의 정보를 배열하는 데 그치고, 그 방법도 조악한 것일 가능성이 큽니다. 당연히 이런 작가들은 리포트와 어린이 논픽션을 구분하지 못합니다. 보고서나 안내서, 교과서와 리포트 등의 자료와 어린이 논픽션의 차이를 인정하려 하지 않습니다.

어린이 논픽션의 위상

(어린이)
논픽션

1 작가의 철학

2 합목적성(지식의 함양)

3 인문학적 가치

4 흥미(쾌락의 가치)

5 독립적 소장 가치

그렇다면 어린이 논픽션의 위상은 어떻게 확보되는 것일까요?

우선 작가의 철학이 담겨야 합니다. 이때 작가의 철학은 주제를 결정하고 소재를 선별하며, 또한 그것의 배열 순서도 결정합니다. 모든 정보를 다 담는 것이 아니라, (자신의 철학적 기준에 합당한) 주제를 도출하기 위해 가장 용이하고 효과적인 콘텐츠만을 엄선하겠지요. 사소하게는 제목은 물론이고 본문에 사용되는 단어의 선택에도 작가의 철학이 담깁니다. 이때 단어 하나하나가 모이고 쌓여서 작가의 생각을 엿볼 수 있는 키워드로 기능하지요. 그러므로 같은 소재를 다루더라도 작가에 따라 전혀 다른 메시지를 전달할 수 있게 됩니다.

뿐만 아니라 논픽션은 어린이 대중 독자의 교양 수준의 향상이나 정보의 전달이라는 고유의 합목적성을 가지고 있습니다. 그럼으로써 논픽션은 책으로서 본래의 가치를 충실히 수행하게 됩니다. 물론 책의 고유한 존재 가치는 흥미, 즉 쾌락을 주는 일에도 있습니다. 이것 역시 논픽션이 단순한 정보 자료와는 확연히 다르다는 근거이기도 합니다. 재미있어야 한다는 뜻입니다.

바로 이런 과정을 통해 논픽션은 독자에게 인문학적 가치를 전달합니다. 장르마다 지식의 내용은 달라도 보편적인 진리를 전달하려는 기반 위에 서 있지요. 특히 어린이 논픽션은 독자의 특이성을 감안해 독자의 성장 과정에서 꼭 필요한 가치를 추구하지요. 그래서 성인 논픽션에는 곧잘 등장하는 죽음이나 전쟁 같은 어두운 주제는 잘 다루지 않습니다. 어린이 독자의 인격 형성이나, 정체성 확립에 부정적인 영향을 미칠 수 있기 때문입니다.

어쨌든 이와 같은 세심한 배려를 통해 어린이 논픽션은 책으로서 독립적 가치를 스스로 완성하게 됩니다. 어린이 논픽션의 본질은 여기에서부터 출발합니다.

사족을 달자면, 인터넷에 넘치는 자료에는 이러한 것들이 부재합니다. 이런 요소들을 잘 담아야 '인터넷에 즐비한 자료들과 뭐가 다른가요?'라는 질문으로부터 자유로울 수 있습니다. 어린이 논픽션은 철저하게 작가적 상상력의 소산이어야 하니까요.

04

빅데이터를
축적하세요

간단하게 보자면 어린이 논픽션은 사방에 무질서하게 흩어진 자료, 즉 빅데이터를 유효 데이터로 만드는 것입니다. 이야기의 뼈대(플롯)를 바탕으로 작가의 상상력이 종횡무진 그 에피소드의 살을 입혀 나가는 동화나 소설의 창작 과정과는 그래서 다릅니다. 여기(동화와 소설)에는 그 어떤 객관적 기준이 존재하지 않습니다. 오로지 작가의 개별적 판단과 집중력이 요구될 뿐이지요. 그러나 어린이 논픽션은 미리 설정된 주제 등에 의해서 통제받습니다.

우리 주변에는 수없이 많은, 다양한 종류의 데이터가 있습니다. 물론 오래 전에도 데이터는 다양하게 존재했지만, 이것을 집약해서 보여 줄 수 있는 매체가 없었습니다. 하지만 지금은 컴퓨터나 휴대전화 단말기로도 이 데이터들을 어디서나 접할 수 있습니다. 말하자면 우리는 언제 어디서나 빅데이터를 품고 다니는 셈이지요. 이제 우리는 그것을 주제에 따라 분류하고 재편집하고, 또 목적과 형식에 맞게 함축하고, 다시 고쳐쓰기를 반복하는 과정을 통해 목적한 바의 책을 써낼 수 있습니다. 상상력은 그 범위 안에서만 작동합니다.

물론 빅데이터는 우리가 알고 있는 것처럼 컴퓨터와 인터넷 기기를 통해 획득할 수 있는 정보만이 아닙니다. 인터넷에 흘러 다니는 다양한 기사와 동영상뿐만이 아니라, 우리 개개인이 가지고 있는 저장소(기억) 역시 빅데이터의 한 축입니다. 그래서 독서와 일상의 경험들까지 중요한 것이겠지요. 직접 · 간접 경험으로 표현되는 이 모든 것에 대한 기억 역시 우리가 좋은 책을 쓰는 데 있어서, 하나의 모티브가 되기도 하고 아이디어의 원천이 되기도 합니다.

어린이 논픽션의 집필 과정

상상력

분열
재배열
압축

빅데이터

유효
데이터

그래서 선배 작가들이 같은 길을 걷고자 하는 후학들에게 메모하는 습관을 가지라고 강조하는 것입니다. 어떠한 빅데이터라도 자신이 목적하는 주제 아래 효율적으로 배치되어야만 가치가 있는 것이니까요.

이처럼 디지털 데이터와 오관이 끌어모은 아날로그 데이터를 합하면 우리는 수많은 데이터를 언제든 내놓을 수 있습니다. 바로 그 엄청난 양의 빅데이터를 이제 유효한 데이터로 만들면 되는 것입니다.

문제는 유효한 데이터를 가려내는 과정인데, 우리는 이 과정을 '기획'이라고 합니다. 다양한 기준을 정하고, 분석-재배열-압축을 반복하는 과정이 그것이지요. 바로 이 과정에서 상상력이 발동하고, 그럼으로써 작가는 자신이 목적하는 바에 합치하는 데이터만을 가려내게 됩니다.

그러므로 작가들은 자신의 책에 영감을 주고 아이디어의 단초가 되며 나아가 상상력의 원천이 될 수 있는 빅데이터를 많이 축적해 두는 것이 좋습니다. 이것이 바로 기반 지식입니다. 이때 기반 지식은 아이디어의 토대가 될 수 있는 모든 정보입니다. 그러므로 기반 지식이 없으면 아이디어도 나올 수 없고 아이디어를 구체적인 기획으로 발전시키기 어렵습니다.

또한 기반 지식은 작가가 쓰려는 책의 기본 자료가 되며 그다음 쓰려는 책의 힌트를 던져 주기도 합니다.

그러므로 당연히 기반 지식은 다양한 방면에 걸쳐 많을수록 좋습니다. 기반 지식은 쌓이면서 서로 충돌하여 융합 기획의 원천이 되기도 하니까요. 뿐만 아니라 어린이 논픽션은 물론 창작(동화와 소설)에도 뜻이 있다면, 그때에도 좋은 소재 혹은 모티프로 사용할 수 있습니다.

《오방색의 꿈》(북멘토, 2015)은 애초에 세필화를 포함하는 정보 그림책으로 기획되었습니다. 단청의 종류와 그리는 방법, 한국 고유의 단청 무늬 종류, 그것의 의미 등으로 이루어지는 차례를 구성했다가 추가 정보(수원 화성 등)를 더 수집한 뒤 이를 바탕으로 역사 동화로 전환하였지요.

그렇게 며칠 더 지나 서북공심돈(수원 화성의 화서문 옆 망루)에 단청하는 날이 왔다.

서북공심돈에 가기 전에 덕우는 종이 위에 수천 번은 아니지만 수백 번은 더 연습했던 연꽃을 나무판에 그렸다. 그리고 치자 열매와 잇꽃을 빻아 만든 안료를 섞어 꽃잎에 칠했다. 양록색으로 잎새를 칠해 연꽃이 더욱더 활짝 피게 만들었다. (중략)

덕우의 손에는 천초를 마친 초지본이 들려 있었다. 초지본이 바람에 팔락거릴 때마다 덕우의 가슴도 팔락팔락거렸다.

전날 팔정 스님은 단청장 어른이 출초한 종이에 대고 돗바늘을 들었다.

"곡선일수록 좁게 간격을 내야 하고, 직선에 가까운 것은 곡선보다 조금 넓게 간격을 내야 하느니라."

아버지가 화가였으나, 불의의 사고로 부모를 모두 잃은 덕우가 우연치 않게 용주사의 한 스님을 따라 출가하여 단청에 관심을 갖게 되고, 우여곡절 끝에 정조의 명으로 지어지는 수원 화성에 단청을 그리게 된다는 이야기입니다. 이처럼 기반 지식은 창작의 좋은 소재가 되기도 합니다.

즉 인풋(In-Put)이 있어야 아웃풋(Out-Put)이 있다는 단순한 진리입니다. 다만 이 단순한 진리도 끈질기게 실천하는 작가가 많지 않다는 것이 현실이지요.

체크리스트 ❷

다양한 기준이란 무엇일까?

빅데이터를 유효 데이터로 만들어 갈 때의 기준은 내용적 측면이 가장 중요하겠지만, 어린이 논픽션은 그 외에도 어린이 독자의 수준(저학년인가 고학년인가)을 고려한 난이도 선택이 중요하다. 또한 얼마나 많은 정보를 담을 것인가 등등의 내용 외적인 것도 적극 고려해야 한다. 이를테면 《궁금한 이야기 + 4차 산업혁명》(서유재, 2018) 같은 주제를 다룰 때에는 매우 복잡하고 난해한 과학기술 용어와 맞닥뜨릴 수 있다. 그러므로 데이터를 간추려 배열하는 데에는 무엇보다  난이도가 중요한 요소가 된다. 이는 서술 방법 선택에도 큰 영향을 미친다.

05

어린이 논픽션 작가의
4가지 마인드

1990년대까지만 해도 작가의 대중적 이미지는 고독한 예술가였습니다. 작가의 일이란 원체 혼자서 해야 하는 일이라 그랬을 것입니다. 작품을 쓴다 하면 홀로 절간에라도 들어가서 외로움과 싸우는 장인의 이미지였지요. 하지만 이제 작가는 (특히 어린이 논픽션을 쓰고자 한다면) 빅데이터와 마주하기 위해서라도 와이파이가 잘 터지는 시내 한복판으로 나와야 하며, 트렌드를 파악하고 시장 조사를 위해 서점으로, 다양한 자료와 마주하기 위해 도서관으로, 자신의 아이디어와 초고를 함께 이야기 나눌 동료 작가나 출판 전문가를 만나러 회의실로 향해야 합니다.

어린이 논픽션 작가는 고독한 예술가가 아니라 멋진 상품을 만드는 작은 기업의 CEO라는 표현이 더 적확할 것입니다. 그렇다면 CEO는 마땅히 항상 새 상품에 대해 생각해야 하며(기획자 마인드), 그 상품을 어떻게 만들지를 고민해야 하고(작가 마인드), 상품을 포장하는 법도 익히고(편집자 마인드), 아울러 어떻게 하면 잘 팔리는 상품을 만들 수 있는지(마케터 마인드) 고민해야 합니다. 그러므로 절간에 홀로 틀어박히기보다는 마땅히 구매자(독자)의 숲 한복판에서 그들의 반응을 체크하며 또 다음 작품을 만들기 위해서 기민하게 움직여야 합니다.

어린이 논픽션 작가가 가져야 할 4가지 마인드

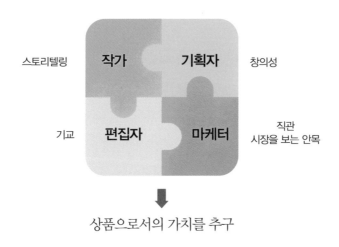

상품으로서의 가치를 추구

더하여 전업 작가를 꿈꾼다면, 이러한 마인드를 가져야만 '1+1+1 원칙'을 실천해 나갈 수 있습니다.

1	1	1
집필	기획	아이디어

1+1+1 원칙은 지금 집필하는 원고가 하나 있고, 동시에 구체적인 기획이 진행되고 있는 원고가 하나, 또한 기획으로 발전시킬 수 있는 아이디어를 한 가지 이상 떠올려야 한다는 뜻입니다. 얼핏 보기에는 복잡한 멀티태스킹으로 보이지만 전업 작가에게는 필수입니다. 한 작품이 끝날 때까지 기다렸다가 그다음 작품의 아이디어를 생각해 내는 것은 매우 비효율적이고 현실적으로 비경제적입니다. 작가의 손을 떠난 원고가 책으로 나올 때까지 적어도 수 개월의 시간이 걸린다는 것을 감안하면, 도리어 어느 정도 글쓰기가 익숙해진 뒤에는 '1+1+1' 원칙이 아니라 '2+2+2 원칙', 아니 그 이상도 할 수 있어야 합니다.

자! 이제 우리는 막 작은 기업 하나를 창업했고, 각자 CEO가 되었습니다. 따라서 우리는 이 기업을 좋은 브랜드로 만들어 기업 가치를 높이기 위한 몇 가지의 노력을 동시에 해야 합니다.

창의성을 가진 기획자의 마인드

'창의성'이라니요? 학교에서든 회사에서든 윗사람에게 반복적으로 듣는 말이지요. "좀 창의적인 아이디어 없어?", "창조적으로 생각해 봐.", "신선한 의견 좀 내보라고!" 등등의 말. 물론 작가나 예술가도 늘 남의 것 같은, 그놈의 '창의성' 앞에서 무릎을 꿇습니다.

그런데 이렇게 말해 놓고, 창의성이란 사실 그다지 어렵게 생각할 것만은 아닙니다, 라고 말하면 그 또한 돌 맞을 짓이겠지요?

그렇다면 '하늘 아래 새로운 것은 없다'라는 화두부터 던져 보겠습니다. 책도 마찬가지입니다. 아주 가끔 레어 아이템이랄 수 있는 책이 나오긴 하지만, 수없이 쏟아지는 책 대부분은, 어디선가 이미 보았던 느낌이 많이 드는 것들입니다. 그래서 우리는 '틈새 기획' 혹은 '모방 기획'이라 불리는 것들에서 출발해야 합니다. 이것의 정체가 창의성과 관련 있습니다. 어차피 인간은 (직접 간접적으로) 경험해 본 적이 없는 것은 상상해 낼 수 없습니다. 그렇다면 우리가 본 토대 위에서 시작하는 게 맞습니다.

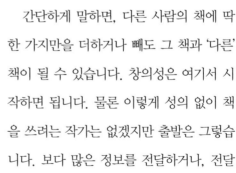

간단하게 말하면, 다른 사람의 책에 딱 한 가지만을 더하거나 빼도 그 책과 '다른' 책이 될 수 있습니다. 창의성은 여기서 시작하면 됩니다. 물론 이렇게 성의 없이 책을 쓰려는 작가는 없겠지만 출발은 그렇습니다. 보다 많은 정보를 전달하거나, 전달하는 방식(글쓰기 방법론)을 달리하거나, 사진 자료나 그림을 넣음으로써 비주얼에 신경을 쓰거나 하는 것들이 모두 창의성의 발로입니다.

《한국사 편지》(책과함께어린이, 2009)와 《교양 있는 우리 아이를 위한 세계 역사 이야기》(꼬마이실, 2004)는, 그전까지의 역사책과는 달리 자녀에게 편지글을 쓰는 형식으로 정보를 서술함으로써 훨씬 더 친근감을 주고 있습니다. 그런가 하면 《역사신문》(사계절, 1996)은 신문 형태의 편집과 기사 형식의 서술로 수많은 독자를 확보했습니다.

자신이 쓰려는 책과 비슷한 책을 이미 다른 작가가 냈다고 좌절할 필요는 없습니다.(사실 처음 책을 쓰겠다고 달려든 대부분의 사람은 이런 좌절을 경험합니다.) 그 책과는 조금이라도 '다른 책'을 쓰려는 의지, 그것이 창의성의 첫 단추입니다. 바로 이 과정에서 다른 작가들의 책보다 더 좋은 책이 나올 수 있습니다.

체크리스트 ❸

틈새 기획이란?

역사 과목이 수능 정식 과목으로 채택된 2015년부터 한국사 관련 책이 쏟아지기 시작했고, 대부분은 통사였다. 각각의 도서들은 조금씩 다른 특징을 앞세우고 있는데, 이들을 비교하며 차이점을 살펴봐도 좋은 공부가 될 것이다. 시장은 활성화되어 있는데 이미 많은 유사 도서가 존재하기 때문에, 이 시장에서 살아남으려면 그 책들 중에 없는 부분(틈)을 채우는 기획을 해야 한다. 이것이 틈새 기획이다.

물론 다른 유사 도서들을 비교해 보는 것도 필요하다. 작가는 다른 작가(가 쓴 책)와의 차이를 발견해 내고 개발하는 일이 매우 중요하기 때문이다.

그러므로 다시 한번 기반 지식의 중요성을 말해도 잔소리가 아니겠지요? 말 그대로 기획자는 남들보다 더 많은 기반 지식을 가지고 있어야 합니다. 보다 많은 비교 대상이 존재해야만, 다른 작가들과 조금이라도 다른 책을 기획할 수 있기 때문입니다.

다양한 글쓰기의 재능을 가진 작가의 마인드

작가로서의 마인드를 강조하는 이유는 아직까지 논픽션을 이따금 자료를 정리하는 수준으로 이해하고, 리포트를 쓰듯 하면 되지 않을까, 라는 안이한 생각들을 경계하기 위해서입니다.

어린이 논픽션은 동화 작가 말고도 '아무나' 덤벼드는 경우가 많았습니다. 일선 교사들을 비롯해서, 대학교 교수까지. 물론 특정한 직업이나 신분에 대한 비하의 목적이 있는 것은 아닙니다. 오히려 이들은 출판사가 가장 선호하는 저자입니다. 무엇보다 선생님들은 교과 과정에 대한 지배력이 높고, 따라서 독자 수준을 정확히 파악할 수 있다는 장점이 있습니다. 그래서 실제로 논픽션 작가 중에는 선생님 저자가 많습니다. 아무래도 아이들과 생활하는 시간이 많고, 그 아이들이 무엇을 원하는지 잘 알고 있기 때문에 좋은 아이디어도 많지 않을까요?

교수들은 전문성을 높이 평가받아 이미 검증된 저자로 인정하는 경향이 있습니다. 직업에 대한 경외심이 작용한 탓일 겁니다. 그러나 글을 잘 쓰는 것은 직업의 전문성과 전혀 관련이 없습니다.

어린이 논픽션 작가는 독자의 지적 수준을 파악하고, 그에 맞도록 보다 쉬운, 그리고 적확한 단어와 문장으로 글을 써야 합니다. 전문 지식을 갖고 있다고 마음껏 풀어내다 보면, 어휘 수가 어른에 미치지 못하는 어린이 독자는 불과 몇 장 읽지도 않고 '재미없는 책'으로 낙인찍어 버릴 것입니다. 어린이에게 어려운 책은 곧 재미없는 책이나 다름없으니까요. 이런 일이 반복되면 어린이들의 독서에 대한 경계심은 더욱더 커질 수밖에 없겠지요? 즉 어린이 논픽션은 특정한 분야의 전문가가 필요한 것이 아니라 글을 잘 쓰는 작가가 필요한 분야입니다.

어린이책은 어린이책 나름의 구조가 있고 전개 방식이 있기에 접근 방식도 달라야 합니다. 그럼에도 불구하고 아직 훈련이 되지 않은 어린이 논픽션 작가들은 자신(어른)의 문법으로 책을 씁니다. 이것은 '어린이책이라는 탈을 쓴 어른의 책'입니다.

어른의 책을, 조사만 바꾸고, 조금 상냥한 어미로 처리한다고 해서, 흥미로운 제목을 붙인다고 해서 무조건 어린이책이 되지는 않습니다. 문장이 짧아도 어려운 단어가 포함되면 이해하기 어렵습니다. 또한 어려운 단어를 걸러냈다고 해도, 문장의 구조가 복잡하면 역시 어린이들의 독서에는 독이 될 수 있습니다.

그러므로 어린이 논픽션 작가들은 독자 수준을 정확하게 파악하고, 그 어떤 내용이라도 독자가 쉽게 이해할 수 있도록 작가로서의 수련을 게을리하지 말아야 합니다. 짧은 문장을 사용하고, 전문 용어를 최대한 쉽게 해설하며, 과도한 비약을 줄이는 방법 등이 그것이지요.

더불어 다양한 글쓰기 방법을 알고 있어야 합니다. 주어진 소재나 주제에 따라, 어떤 책은 단순히 입말체로, 혹은 편지글의 형식이나, 일기체로도 쓸 수도 있고, 신문 기사를 작성하는 방식으로도 써 낼 수 있어야 합니다. 또는 토론이나 대화의 형태로도 쓸 수 있어야 합니다. 이는 모두 어린이 독자가 해당 도서에 훨씬 쉽게 접근하도록 하기 위한 방법입니다.

즉 어린이 논픽션 작가는, 다른 영역의 책에서보다 훨씬 독자에 대한 배려가 섬세해야 합니다. 물론 이 배려는 어린이 독자의 마음을 사로잡을 수 있는 가장 확실한 방법이기도 하지요. 그러므로 한 가지 주제 혹은 소재를 놓고 몇 가지 서로 다른 방법으로 글쓰기를 연습해 보는 것도 큰 도움이 될 것입니다.

체크리스트 ❹

어린이 논픽션 전문 작가가 필요한 이유

어린이 논픽션은 내용 면에서 본다면 작품 상당수가 본질에 충실하려 노력했다. 그럼에도 불구하고 여전히 논픽션은 보조 학습서 취급을 받기도 하고, 창작 동화에 비해 '아무나 손쉽게' 쓸 수 있다고 생각하는 경향이 있다. 이런 황당한 믿음 때문에 글쓰기 훈련을 받지 않은 작가 상당수가 이 분야에 뛰어들었고, 그로 인해 어린이 독자의 수준조차 고려하지 않은 질 낮은 콘텐츠가 늘어났다. 물론 이를 접한 어린이 독자들은 더욱 책에서 멀어졌다. 이를테면 선행 학습서를 연상케 할 정도로 지나치게 어려운 책들이 여전히 존재한다. 그러나 논픽션은 '재미없고 딱딱한 지식이지만 공부에 도움이 되는 것'이 아니라 위에서 말한 대로 '재미있고 유익한 교양 지식'을 전달해 주는 책이다. 그러므로 어린이 논픽션은 독자 대상의 특이성에 맞게 쓰여야 한다.

기교와 관련된 재능을 지닌 편집자의 마인드

대부분 하나 혹은 두 가지 정도의 색깔로 인쇄된 성인 도서는 분석해야 할 텍스트가 언어(문자)뿐입니다. 내용만 이해하면 된다는 뜻입니다. 하지만 어린이책에서는 분석해야 할 텍스트가 많습니다. 행간의 글을 읽고 이해하는 것은 기본입니다. 여기에 더하여 페이지의 상당 부분을 메우고 있는 그림 역시 분석해야 할 텍스트입니다. 이 그림의 색감, 그림이 책의 내용과 어울리는지 역시 눈여겨보아야 합니다.

또 있습니다. 편집디자인입니다. 어린이 논픽션은 책의 특성상 컬러(4도) 인쇄를 기본으로 하며, 본문 기사와 정보 페이지, 팁 등 구성 요소가 많고 복잡합니다. 그 때문에 출판사의 편집자와 디자이너는 이들을 효율적으로 배치하기 위하여 무던히도 애를 씁니다. 독자의 가독성을 방해하지 않으면서 동시에 예쁘게 잘 편집하려고 수많은 시안을 만들고, 회의를 반복합니다. 이때 수많은 책이 참고되며 편집자와 디자이너의 직관에도 영향을 미칩니다.

구태여 편집자의 마인드를 갖추기를 원하는 이유는 무엇보다 자신이 쓰려는 책에 대한 지배력을 높이라는 의미입니다.

"본문은 입말체로 부드럽게 전개하여 동화처럼 보여 주고, 정보 글은 약간 딱딱할 수 있으니 상세한 일러스트와 함께 보여 주면 좋겠습니다. 본문에 들어가는 팁은 특정한 캐릭터가 나서서 안내하는 형식이면 어떨까요?"

편집자와 이런 대화－물론 이 정도는 막 입문한 신인 작가도 얼마든지 할 수 있는 수준이기는 합니다－를 나눌 수 있다면, 작가는 신뢰를 얻을 수 있으며, 그것은 출간의 가능성을 높이게 됩니다. 아니, 사실 그 이전에 작가는 자신의 원고에 대한 확신을 갖고 처음부터 끝까지 일관되게 집필에 몰두할 수 있겠지요.

그리고 또 한 가지, 작가가 편집자 마인드의 수준을 높이면 오로지 편집의 방법을 바꾸는 것만으로도 새로운 '틈새 기획'을 제안할 수도 있습니다. 편집을 다르게 한다는 것은 다른 책과의 차별성을 유도하는 데도 도움이 되니까요. 실제로 시중에는 오래되어 더는 팔리지 않는 책을 새로운 편집(표지 포함) 과정을 거쳐 신간으로 재출간 하는 경우도 상당수 있습니다.

물론 편집자의 흉내나 내자고 편집자 마인드를 가지라는 것은 아닙니다. 편집자는 책을 만들 때 정보를 분석하고 교정하고 교열하며, 이를 재배치하고 어떤 내용을 추가하는 등, 다양한 기교를 통하여 독자들이 보다 편리하게 책을 읽을 수 있도록 하고, 나아가 상품으로서 독자의 선택을 받을 수 있도록 합니다. 바로 이런 부분을 익히라는 것입니다.

자신이 쓴 정보 내용을 독자의 편에서 재배열하고 재배치하는 것이 꼭 필요한 까닭은, 그것에 따라 책의 난이도와 가독성 등이 차이가 나기 때문입니다. 이것은 단순한 퇴고나 수정과는 또 다른 것입니다. 이미 말한 바와 같이 어린이책은 문자만으로 독자에게 다가가는 것이 아니라, 그림과 섬세한 편집까지 독자의 눈을 사로잡아야 하기 때문입니다.

결국 우리는 "좋아요! 작가님이 보내 주신 원고, 책으로 내겠습니다!"라는 말이 종국의 목표일 테니까요.

어린이책은 많은 요소로 이루어졌다

어린이책은 다양한 요소들이 페이지를 채우고 있다. 차례부터 알록달록한 삽화가 등장하고, 첫 장을 열면 작은 제목의 타이포는 꾸밈 글자를 사용하고, 심지어 페이지의 숫자도 그림과 함께 장식한다. 팁을 넣는 방식도 다양하며, 편집의 형태도 다채롭다. 본문 글 뒤에 나오는 정보 글에는 더더욱 화려한 편집 기술이 동원된다. 물론 편집 디자이너의 이러한 기교는 단순히 어린이책이어서 화려함만을 강조하려는 것은 아니다. 편집의 형태나 친근성, 가독성 등을 따지는 일은 경쟁 도서가 많은 시장에서 살아남기 위해서 필요불가결한 것이다. 어린이 논픽션 작가가 편집자의 마인드를 갖게 되면 이러한 구성 요소의 변형, 또는 추가하는 방법으로도 틈새 기획을 할 수 있다.

상품적 가치를 판단할 수 있는 마케터의 마인드

마케터는 상품을 보다 많이 팔기 위한 일을 하는 사람들입니다. 단 하나라도 더 팔기 위해 애쓰는 분들이지요. 그런데 책을 쓰기도 전에 팔아야 할 걱정을 해야 합니까? 작가가 되려는 분들에게 이런 질문을 자주 받습니다. 물론 대답은 한결같습니다. "네, 그렇습니다"라고.

그 어떤 출판사도, 편집자나 대표의 치명적 오판이 있지 않은 다음에는 팔리지 않는 책을 만들려 하지 않습니다. 아니, 심혈을 기울여 만든 책도 1쇄를 다 소진하지 못하고 패잔병처럼 반품으로 돌아오는 책이 수두룩한데 처음부터 팔리지 않을 것이라 판단한 책을 내지는 않겠지요.

이쯤 되면 우리가 하려는 기획이 단순히 내가 쓰고 싶은 것에만 초점을 맞추어서는 안 된다는 사실을 이해할 것입니다. 미안하지만 우리는 '쓰고 싶은 책'보다는 '출판사가 원하는 책'을 써야 합니다. 적어도 당분간은 그렇습니다.

여기에는 두 가지의 뜻이 내포되어 있습니다.

첫 번째는, 신인 작가에게 야박한 우리나라 출판계에 작가로 입문하기 위해서는 일단 상품을 잘 만드는 작가로 살아남아야 이후에 우리가 쓰고 싶은 책을 쓸 수 있다는 뜻입니다.

두 번째는, 출판사가 원하는 책이란 당연히 상품적 가치가 높은 책입니다. 즉 우리가 무엇을 어떻게 기획해야 할지, 이 말이 단적으로 설명해 주고 있습니다.

마케터를 따라해 보세요. 그들은 매일 시장 조사를 하고 자신이 관심 두고 있는 책이, 그것이 설사 다른 출판사의 책이라도, 얼마나 나갔는지 파악하고 어떤 책이 새로 나왔으며 앞으로 어떤 트렌드가 유행할지에 대해 고민합니다. 그래서 지금 상당수의 출판사에서는 마케터가 아이디어를 내기도 하고, 투고된 원고를 책으로 낼지 말지에 대해서 큰 입김을 행사하기도 합니다.

그렇다면 기획의 출발점은 책상 앞이 아니라 수많은 책이 진열되어 있는 서점, 바로 그곳이 아닐까요?

체크리스트 ❻

편집자 마인드가 가져다주는 것

조금 더 적극적인 편집자 마인드는 같은 내용을 편집 방법으로 재기획할 수 있는 기회를 제공해 준다. 《처음 배우는 3·1운동과 임시 정부》(북멘토, 2019)는 아이디어 단계에서부터 편집 구성안을 마련하고 기획하였다. 일러스트레이터의 역할을 확대하고, 웹툰과 유튜브 등, 최근 어린이 독자들이 선호하는 구성 방식을 끌어들임으로써 접근성 확보에 주력했다. 그런 덕분에 비슷한 시기에 출간된 같은 소재의 도서에 비해 차별성이 눈에 돋보였다.

기획 단계일 때의 《처음 배우는 3·1운동과 임시 정부》

06

어린이 논픽션 작가가 되기 위해
가장 먼저 해야 할 일

첫째, 서재를 어린이책으로

어린이 논픽션 쓰기 수업을 할 때 가장 먼저 하는 말 중 하나는 "자신의 서재를 어린이책으로 가득 채우세요!"입니다.

일단 이 말과 함께, "작가가 되려면 작가처럼 살아라!"라는 말을 나란히 늘어놓아 봅니다.

사실 어떤 일이든 그렇지만 글을 쓰기 위해서는 절대적인 시간이 필요합니다. 누구나 경험하듯이 의지만으로 꾸준히 연습하는 일은 참으로 힘들지요. 더구나 직장을 다니며 작가의 꿈을 꾸는 사람들에게는 더더욱 그러할 것입니다. '하루에 한 페이지씩만 써 보세요'라든가, '적어도 하루에 한 시간은 글을 쓰는 시간으로 빼어 놓으세요'라는 식의 말은 작가가 되려고 한 번이라도 마음먹은 사람은 수도 없이 들었을 것입니다.

당장 성과가 드러나지 않는 지루한 반복이지만 반드시 필요한 '루틴'이기 때문입니다. 물론 실천은 이런 말을 들은 사람의 1%만 한다던가요?

그래서 책장부터 채우라고 말합니다. 이리 누워도 어린이책, 저쪽으로 기대도 어린이책이 보이게 말입니다. 물리적으로 '빼박'인 상태라면 하루에 한 번은 자극이 될 거고, 자극은 또 다른 자극을 낳을 것입니다. 보면 읽게 되고, 읽으면 쓰고 싶어지는 것이 진리인 것처럼 말입니다. 물론 이 책들은 뒷날 자신에게 '기반 지식'을 다져 줄 일등공신이 될 것입니다.

자신의 책장을 자기가 쓰고 싶은 책의 목록으로 뒤덮는 일은 다름 아닌 '작가처럼 살기'의 첫걸음입니다. 그리고 작가처럼 살기는, 자신의 생활습관, 사고의 방법 등을 작가들이 하듯이 흉내 내고 따라하기입니다. '흉내 내고 따라하기'는 멘토를 본받고 그처럼 되려는 일과 다르지 않습니다. 작가 상당수가 자신의 스승이나 멘토를 따라하며 작가가 된 경우가 적지 않음은 이와 관련이 있습니다.

요지는 작가가 되기 위해 연습할 수 있는 절대적 시간을 조금씩 더 확보해 가라는 뜻입니다. 그 시간에 글을 써도 좋고, 책을 읽어도 좋습니다. 아니, 자신이 쓰고 싶은 혹은 쓸 책에 대한 생각이라도 괜찮습니다. 그것들이 하나의 루틴이 된다면, 더욱 좋겠지요.

필독 도서 목록에 대해서

도서 목록은 스스로 만드는 것이 좋다. 교재가 아닌 다음에야 사제지간이라도 읽고 싶은 책에는 호불호가 극명하다. 도서 목록이 필요하다는 것은 지금 자신의 독서량이 매우 부족하다는 것을 뜻한다. 자신의 흥미를 끄는 책부터 시작하면 된다. 그게 무엇이든 상관없다. 재미있는 책 한 권 속에 자신이 읽어야 할 다음 책에 대한 힌트가 들어 있다. '이 책 재미있는데? 이 작가의 다른 책도 한번 볼까?', '이런 내용을 다룬 다른 책 없나?'와 같은 의문이 바로 그것이다. 아직도 무슨 책을 읽어야 할지 모른다면 이 책부터 끝까지 읽어 보면 된다.

둘째, 본격적인 작가 코스프레를 권합니다.

한 가지만 예를 들어 보겠습니다. 여행을 취미 삼아 박물관이나 미술관 투어를 해 보는 것도 괜찮습니다. 특별한 자연환경—습지, 갯벌, 철새도래지 등—을 찾아다니고, 역사 유적지를 골라 탐색해 보는 것은 어떨까요? 물론 여행을 떠나기 전에 특별한 주제를 정해 두는 것이 좋겠지요. 이를테면 '경상도 지방에 있는 서원을 모두 돌아보기'라든지 '서해안의 갯벌 탐사'라는 목표도 괜찮고, '서울 지역에 남아 있는 일제 강점기 때의 근대 유산을 찾아보자' 하는 방식도 좋겠지요. 이것은 그 자체로 하나의 좋은 기획이 될 수 있습니다. 실제로 어린이 논픽션 중 상당수는 이와 같은 과정을 통해서 만들어지기도 합니다.

그리고 가는 곳마다 DSLR 카메라로 자료가 될 수 있는 모든 것을 담아 둡니다. 그 사진 자료 자체가 새로운 기획의 기반이 되기 때문입니다. 사실 시각적 요소는 어린이 논픽션의 '비주얼을 담당'하고 있습니다. '글씨만 빼곡한 책'은 잘 보지 않는 어린이들에게 당의정이기도 하고, 과학이나 역사 분야 등에서는 사실성을 높여 주는 역할도 하지요. 그러므로 비주얼 텍스트(시각 자료)에 대한 감각을 익힘과 동시에 뒷날 자신이 낼 책의 시각 자료를 미리 확보하는 차원에서도 권할 만한 취미입니다.

유튜브 영상 편집을 배우거나 팟캐스트를 만들어 보는 것도 나쁘지 않을 듯합니다. 이것은 책이 나오면 북콘서트를 직접 기획하고, 카드 뉴스를 만들어 SNS에 공개하며, 북트레일러를 제작하는 데 도움이 되겠지요. 직접 홍보 영상을 찍어 유튜브에 공유하는 일도 많습니다. 앞서 말했듯이 요즘의 작가들은 틀어박혀서 원고를 써내는 일만 해서는 안 됩니다. 자신이 쓴 작품이 얼마나 훌륭한 '상품'인지를 알려야 할 필요가 있습니다. 스스로 가치 창출을 할 수 있어야 한다는 뜻입니다.

해마다 4월에 시행하는 한국출판진흥협회의 출판콘텐츠 공모전에서 요구하는 기획서의 한 칸에는 자신이 쓴 작품이 출판되었을 경우 이 책을 어떻게 활용하겠느냐는 질문이 있습니다. 이 의미를 가만히 되새겨 보면, 우선 '당신의 책을 어떤 방법으로 더 팔 수 있습니까?'라는 질문과 맞닿아 있습니다. 물론 이 부분은 출판사에서도 매우 유의해서 보는 부분이지요.

아울러 '당신은 이 책 한 권으로 얼마나 많은 가치 창출을 할 수 있습니까?'라는 궁극적 물음으로 나아갑니다. 물론 이는 스토리 콘텐츠에서 원하는 OSMU(One Source Multi Use)와도 비슷한 경우인데, 책은 다양한 콘텐츠 기획의 원천이니까요.

사실 이 엉뚱한 취미에 관한 모든 이야기는 어린이 논픽션 책을 쓰기 위한 '몸 만들기'에 대한 것입니다. 취미까지 이런 것들로 채운다면 준비는 모두 끝난 셈이지요.

이제 모든 촉수가 어린이 논픽션을 향해 있습니다. 이야말로 어린이 논픽션 작가처럼 사는 일이고, 그랬을 때 우리가 책을 낼 가능성이 훨씬 빨라지는 것은 아닐까요?

체크리스트 ❽

사진을 직접 찍는다고?

《스토리텔링 한국사 교과서 1~3》에는 권당 150여 장의 역사 관련 사진이 사용되었는데, 이 중 70% 가량은 저자가 직접 찍어 제공했다. 그럼으로써 다른 역사책에 없는 사진 자료를 쓸 수 있었고, 계약 과정도 원활하였다. 그 어떤 출판사도 사진까지 제공하겠다는 필자를 거절할 이유가 없다. 역사책은 사진 비용이 꽤 드는 책 중의 하나여서 상당수 출판사는 비용 때문에라도 난색을 표하는 경우가 많기 때문이다. 출판사 대부분은 한 가지만(글쓰기) 잘하는 작가보다 여러 가지 콘텐츠를 모두 가지고 있는 작가를 선호한다.

07

어린이 논픽션 작가의
미래는 밝은가

"제가 과연 할 수 있을까요?"

사실 이 질문에 대한 대답은 어떤 선생님이든지 "네!"라고 하겠지요. 수강생 확보를 위해서도, 학생에게 용기를 주기 위해서도. 하지만 여기서는 좀 두고 봐야겠습니다.

"당신(수강생)이 무얼 보여 주는지에 따라 내 대답은 달라질 것입니다. 모든 선생님이 만능은 아니니까요."

다만 아래와 같은 이유로 가능성을 확인해 보기로 하겠습니다.

첫째, 자신의 전공과 집필 분야가 달라도 가능하다

이런 질문이 다른 영역(소설이나 시)에서보다 많은 까닭은 상당수의 논픽션은 작가의 상상력에만 의존하는 동화나 소설과는 달리 특정한 분야의 전문성을 일정 부분 담보해야 하기 때문입니다. 역사가 그렇고 환경이나 과학이 그렇습니다. 지리나 경제 분야의 책도 마찬가지입니다. 물론 해당 분야를 전공했다면 접근이 빠르고 소재에 대한 지배력이 더 나을 수 있습니다.

하지만 어린이 논픽션은 밀도 높은 전문성이 필요하지 않습니다. 도리어 전문성을 갖추기 위해 깊이를 더하려는 경우, 지나치게 어려운 책이 되곤 하는데 이는 독자로 하여금 책에 대한 거부감만 부추길 수 있습니다. 수많은 어린이 논픽션 작가들이 빠지는 함정입니다. 보다 많은 정보, 조금 더 깊이 있는 내용을 넣어야겠다는 욕심이야말로 어린이 논픽션 작가들이 경계해야 하는 부분이지요.

그보다는 얼마나 아이들의 흥미를 끌어낼 수 있을지의 관점에서 접근해야 하며, 그런 면에서 기획성이 훨씬 더 중요합니다. '내가 쓰는 책이 이 분야의 또 다른 깊이 있는 책을 보기 위한 징검다리 역할만 하면 된다'는 마음가짐이면 충분합니다.

또한 전문가라고 해서 어린이의 눈높이에 맞는 글을 잘 쓴다는 법은 없습니다. 오히려 전문가는 앞에서 지적한 대로 자신의 방대한 지식 때문에 독자(어린이)에 대한 기대 심리를 가지고 있고, 독자의 수준을 보다 더 높게 측정하는 경향이 있습니다. 이런 시도는 필연적으로 독자의 수용 능력을 왜곡하는 결과로 이어집니다. 그러므로 어린이 논픽션은 전공에 관련 없이 어린이책 글쓰기 훈련이 충분한 작가가 써야 합니다.

그래도 전문성이 필요하다?

어린이책의 일반적 집필 기준은 개념. 원리. 지식으로 접근하는 과정을 이해하는 정도의 수준이다. 전문가로서의 자기주장이나, 새로운 사고, 심도 있는 깊이 등을 요구하지 않는다. 그보다 얕은 수준의 전문성, 즉 오류의 여부와 적확성(정확성 포함)의 확인, 사실의 확인 정도다. 어린이 논픽션은, 어린이책을 써 본 적이 없는 전문가보다 어린이책 쓰기에 경험이 풍부한 작가가 집필하고, 전문가는 감수를 맡는 게 좋다. 이 편이 어린이 논픽션의 완성도를 높이기에 유리하다. 따라서 어린이 논픽션 작가는 해당 분야를 전공하지 않았다고 해서 그 분야를 쓸 수 없다는 생각을 버려야 한다.

둘째, 등단을 하지 않고도 작가가 될 수 있는 분야이다

한국의 문단은 아직까지 일제 강점기에 생겨난 등단 제도를 그대로 유지하고 있습니다. 작가들에게 등단은 불행하게도 '라이선스'와 같은 것이자, 명성을 얻는 통로이기도 합니다. 그래서 동화 작가나 소설가가 되기 위해서 짧게는 몇 년, 길게는 십 년 이상 등단에 목을 매는 경우가 많습니다.

물론 이 과정을 거쳐 등단을 한 뒤에도 장편 소설로 문학상을 받고 그 작품이 출간되지 않는 한, 꾸준히 문예지 등에 작품을 발표하여 예닐곱 편의 작품이 모이게 되면 그제야 작품집을 냅니다. 그때까지 몇 년의 과정이 소요되는데, 이마저도 쉽지 않습니다. 단편집의 경우에는 장편보다 시장성이 떨어져서, 요즘 같은 불황에는 선뜻 신인 작가의 책을 내려 하지 않기 때문이지요.

어린이 논픽션 분야는 동화나 소설에 비해 유명 작가에 대한 의존도 가 낮습니다. 신인 작가의 작품 출간에 유연성을 가지고 있지요. 무엇 보다 독자 쪽에서 구매하는 목적이 소설이나 동화와는 다르기 때문입니 다. 앞에서 말한 것처럼, 그림자 독자들이 어린이 논픽션을 구매하는 목 적은 자녀의 교육을 염두에 두는 경우가 대부분입니다. 그러므로 그에 충실하다고 생각하면 구태여 저자의 이력을 참고하지 않습니다. 어린이 에게 알맞는 글을 쓸 줄 아는 작가, 흥미로운 글을 쓸 수 있는 작가가 등 단 작가보다 더 필요합니다. 어쩌면, 어린이 논픽션 분야야말로, 그 작 품의 진정성을, 일부 평론가나 연구자들이 아닌, 편집자와 독자가 판단 하는 가장 선도적인 분야가 아닐까요?

셋째, 신인 작가의 기획과 원고에도 주목한다

우리나라의 출판사는 대부분 영세한 구조입니다. 출판계의 대기업에 해당하는 몇몇 메이저급 출판사를 제외하고는 편집부 인원이 10명 안팎 인 출판사가 절대 다수를 차지합니다. 이 인원은 편집과 관련된 고유 업 무를 보기에도 버거운 수준입니다. 내부적으로 기획할 여력이 크지 않 다는 뜻입니다.

더구나 불황과 맞물리면서 이런 사정은 더욱 심화되었습니다. 그러다 보니 발행인과 편집자의 인맥을 통한 즉흥적 기획이 상당수를 차지하고, 이벤트성 기획에 급급한 경우도 흔히 보게 됩니다. 검증받지 않은 외서가 많아지는 것도 이와 관련이 있습니다. 상당한 시간과 투자 비용을 절약할 수 있기 때문이지요.

전환적으로 생각해 보면, 이러한 출판계의 사정은 기획력을 갖춘 어린이 논픽션 작가들에게는 좋은 기회가 될 수 있습니다. 출판사의 내부 기획력이 부족할수록 외부의 투고에 한 번 더 주목할 테니까요. 그런 면에서 어린이 논픽션 분야는, 다른 분야에 비해 신인에 대한 턱이 낮은 편입니다. 좋은 아이디어, 그리고 이를 소화할 수 있는 필력을 갖추고 있다면 출판사에 투고할 시점은 바로 지금입니다.

넷째, 에듀테인먼트 스토리텔링은 어린이 논픽션 시장의 새로운 방법론으로 자리 잡았다

뒤에서 더 자세히 말하겠지만, 에듀테인먼트 스토리텔링은 전통 논픽션과는 달리 전달해야 하는 정보를 이야기 속에 녹여 넣는 글쓰기 방식입니다. 그러므로 이야기만 새롭다면 같은 내용의 전통 논픽션이 이미 출간되었다고 하더라도 낯선 이야기 때문에 '새로운 책'으로 받아들여집니다. 즉 어떤 이야기를 만들어 가느냐에 따라 같은 정보 내용을 다르게 전달할 수 있기 때문에 기획이 한결 자유로워졌다고나 할까요? 물론 이야기를 만들 줄 안다는 전제가 필요하지만요.

더구나 국내에는 아직 이 분야의 전문 작가가 많지 않습니다. 그런 면에서 창작법을 익히면, 엄격하게 문학성을 따지지 않는 에듀테인먼트 스토리텔링을 할 수 있는 기회가 많이 있습니다. 물론 이렇게 익힌 스토리텔링은 뒷날 창작(동화와 소설)에 접근할 때에도 큰 도움이 됩니다.

어린이 논픽션,
무엇을 기획하고 어떻게 쓸까?

08

전략적인
독서의 방법

어린이 논픽션은 동화와는 달라서 디테일한 서술 과정보다는 기획에 더 큰 방점을 둡니다. 창작 동화는 플롯을 익혀야 하고, 캐릭터를 만들 줄 알아야 하며, 공간을 다루는 방법 등 세부적인 디테일을 다루는 방법을 학습해야 합니다.

하지만 적어도 전통 논픽션은 이러한 장르적 특성을 고민할 필요가 없으며, 심지어 이미 나온 내용을 다시 써도 비난의 대상이 되지 않습니다. 단적인 예로, 수많은 작가가 어린이용으로 한국사를 써냈음을 기억하면 됩니다.

전통 논픽션은 같은 내용이라도 얼마나 흥미롭게 전달할 것인가의 문제입니다.

'이번에는 전혀 다른 서술 방식으로 써 볼까? 일기체로 역사책을 써

보면 어떨까?'

'꽃과 식물에 관한 이야기를 써 보고 싶은데, 이번에는 민속 그림에 나오는 꽃과 식물을 찾아서 그것에 대한 이야기를 해 볼까?'

'노동 문제에 대해서 알려 주면 좋겠는데, 정공법으로 쓰면 딱딱할 테니까, 일개미 이야기를 서두에 던져서 흥미를 끌어 볼까?'

이 질문들의 공통점은, 주제가 수없이 반복된 것이기에 이것을 풀어 내는 방식에 대한 고민이라는 점입니다.

어린이 논픽션, 특히 전통 논픽션의 핵심은 바로 여기에 있습니다. 목적 의식적으로 독서를 하고, 적재적소에서 아이디어를 얻기. 이것은 동화나 소설에서 플롯을 배우고, 캐릭터를 만드는 일에 견줄 수 있는 어린이 논픽션 쓰기의 핵심입니다.

비교 대상으로서의 독서

모든 글쓰기의 출발점은 독서입니다. '많이 읽고 많이 써야 한다'는 이야기를 수도 없이 들었겠지요. 그러나 어린이 논픽션에서는 이와 같은 추상적이고 관념적인 접근 말고 보다 실제적인 독서의 필요성과 방법론을 이야기해야 합니다.

작가는 자신의 책을 기획하고 쓸 때, 아래와 같은 질문에 스스로 대답할 수 있어야 합니다.

'내가 제대로 된 기획을 한 것일까?'

'무엇인가 부족한 곳이 있는 건 아닐까? 그렇다면 어떤 부분이?'

'무엇보다 이런 글을 책으로 내도 되는 걸까?'

안타깝게도 지금 막 어린이 논픽션 작가가 되기 위해 이 책을 읽고 있다면, 위의 질문에 대한 판단을 쉽게 내릴 수 없을 것입니다.

위의 질문에 대답하기 위해 가장 좋은 방법은 비교 대상을 많이 갖는 것입니다. 그 때문에 독서가 필요합니다.

손쉬운 예가 있습니다. 어떤 작가이든 출판사에 원고를 보내면, 편집자가 빨간 줄을 그어 가며 이른바 '피드백'을 해 줍니다. 애정 어린 작품이라면 더더욱 꼼꼼할 것입니다. 그런데 자존감이 낮은 작가라면 이 과정에서 살짝 상처를 받기도 합니다. 하지만 노련한 편집자가 보낸 피드백은 그 작가의 원고를 십중팔구 좋아지게 만듭니다. 작가가 보지 못한 것을 콕 집어 주기도 하고, 새로운 아이디어를 던져 주기도 하지요. 그래서 이따금씩 이들의 피드백에 놀라곤 합니다. '아, 나는 왜 미처 이런 생각을 하지 못했을까? 편집자는 어떻게 이런 매의 눈을 가지고 있을까?'

답은 아주 간단합니다. 편집자의 일이란 주로 원고를 읽고, 출간 여부를 판단하고, 또 고치는 일이기에 그들은 자신도 모르게 상당량의 독서를 하게 됩니다. 즉 비교할 대상이 아주 많지요. 그러므로 투고된 원고를 보는 눈이 날카로울 수밖에 없습니다. 아마 편집자는 자신이 경험한 원고들과 단순 비교만 해 보아도 자신이 지금 손에 쥔 원고의 장점과 단점을 손쉽게 짚어 낼 수 있을 것입니다.

말하자면 작가는 적어도 편집자와 비슷한 수준의 독서량을 갖고 있어야 그들의 고개를 끄덕이게 만드는 기획서 혹은 원고를 써낼 수 있다는 뜻입니다.

그리고 앞에서 언급한 것처럼 모든 독서는 기반 지식이 됩니다. 특히 어떤 책은 읽고 나면 그에 대해 더 알고 싶은 욕구가 생깁니다. 호기심을 충족하는 데 그치지 않고, 더 큰 지적 욕구를 불러일으키지요. 해당 분야의 지식에 깊이를 더해 가다 보면 어느 순간 이 분야에 대한 쓰기의 욕구가 생깁니다.

물론 기반 지식을 책으로만 쌓을 필요는 없습니다. 인터넷에는 수많은 동영상 자료가 넘치며, 다양한 다큐멘터리 방송 채널도 유용한 지식 쌓기에 도움을 줄 것입니다. 더하여 시중의 다채로운 강연들도 지적 호기심을 충족시키면서 기반 지식을 쌓을 기회를 마련해 줄 수 있습니다.

요지는 다양한 콘텐츠를 통해 끊임없이 기반 지식을 쌓고, 이 기반 지식을 바탕으로 스스로를 자극하라는 뜻입니다.

독서의 방법

솔직히 말하면 독서에 특별한 방법이 있다고 말하기는 힘듭니다. 어떤 특별한 목적을 가지고 시작된 책 읽기가 아닌 한, 독서 대부분은 흥미에 집중되어 있지요. 그러므로 자신에게 가장 유익한 것-그것이 흥미 때문이든 지적 수준을 높이려는 시도에서든–을 찾아 읽으면 됩니다.

물론 논픽션 작가들은 책을 쓰고자 하는 절체절명의 '목적'을 갖고 있으므로 이제부터는 가장 효율성 높은 독서를 하는 게 좋습니다.

전략적인 독서 방법

집중 독서	모방 독서
• 목적 의식적 • 1차 자료 • 주제 확립	• 벤치마킹 • 접근 통로 확보 • 자신감 획득
교차 독서	보조 독서 • 2차 자료

독서는 네 갈래로 나누어 하는 것이 좋습니다. 앞으로 등장하는 분류 기준은, 어린이 논픽션 글쓰기를 위한 최적의 조건들을 고려한 길라잡이쯤으로 생각하세요.

집중 독서는 자신이 쓰려는 책과 같은 주제의 책을 읽는 일입니다. 이를테면 집필에 직접적 도움이 되는 1차 자료를 읽는 일이 여기에 해당하지요. 그러므로 집중 독서에 필요한 도서 목록은 적은 것보다는 많은 것이 좋습니다.

목록이 많을수록 책 쓰기의 완성도가 높아집니다. 1차 자료에 해당하는 도서 목록이 부실하면 작가는 자신이 쓰고 있는 책을 완성시킬 수 없을지도 모르며, 더 나쁜 경우는 부족한 자료를 바탕으로 집필을 하다 보니 욕심만 앞선 나머지 남의 글을 그대로 베끼는 우를 범하는 것입니다. 그러므로 집중 독서의 도서 목록이 충분히 갖추어져 있지 않은 채 집필에 착수하면 안 됩니다.

이따금씩 수강생들이, "다른 작가의 자료를 어느 정도까지 인용해야 하나요?"라고 묻습니다. 이 질문은 자신이 다른 사람의 자료를 베끼게 되지 않을까 하는 두려움에서 오는 것입니다. 즉 많은 자료가 아직 자신의 것이 되지 못했기 때문이지요. 집중 독서를 반복하여, 그 내용이 충분히 소화되면, 이런 질문은 자연스럽게 해소될 것입니다.

보조 독서란 2차 자료에 해당하는 책들을 읽는 것이며, 여기에 해당하는 도서 목록은 자기가 쓰려는 책의 주제를 상당수 포함하고 있거나, 유사한 콘텐츠를 담은 책을 말합니다. 집중 독서 때보다는 느슨하게 읽어도 좋지만, 이따금 2차 자료의 내용이 지금 쓰고 있는 책의 주제에 부분적으로 영향을 미치기도 하고, 같은 분야의 다른 책을 쓰는 기반 지식으로 사용되므로 눈에 띄는 보조 독서용 목록은 잘 챙겨 두어야 합니다.

특히 자신이 관심 있는 분야라면 더더욱 2차 자료를 잘 간직해야 합니다. 논픽션 작가들 상당수가 첫 책 이후 비슷한 분야의 책을 연달아 내게 되는 경우가 있는데, 바로 2차 자료 덕분입니다. 그러므로 2차 자료는 뒷날 1차 자료로 활용될 가능성이 크다고 할 수 있습니다.

모방 독서란 일종의 시장 조사 또는 벤치마킹과 같은 의미로 이미 출간된 유사 도서를 읽는 일입니다. 이를 통해 자신의 책 쓰기의 방향을 결정하거나 수정합니다. 모방 독서는 비교와 분석을 통해 '남들이 낸 책보다 더 나은 책'을 쓰기 위한 과정이라고 할 수 있습니다. 아울러 세부적인 부분에서, 신인 작가에게는 길라잡이 역할도 해 줄 것입니다. 아이디어는 있는데 어떻게 써야 할지 모를 때 접근 통로를 확보해 준다는 뜻입니다.

체크리스트 ⑩

집중 독서와 보조 독서는 한 끝 차이?

《세상에서 가장 재미있는 세계사》를 쓴다고 가정해 보자. 이 책의 근본 목적은 세계사를 쉽게 전달하는 것이다. 그리고 '재미있는 책'이어야 한다. 이때, 세계사를 다룬 모든 책이 집중 독서의 대상이 된다. 《이야기 세계사》(청아, 2006), 《세계사 편력》(일빛, 2004), 《하룻밤에 읽는 세계사》(RHK, 2017), 《아틀라스 세계사》(사계절, 2009), 《세계사 100장면》(실천문학사, 1996) 등이 이에 해당한다. 또한 《세계사의 거장들》(간디서원, 2018), 《세계사 속의 미스터리》(삼양미디어, 2011), 《재판으로 본 세계사》(휴머니스트, 2018), 《스캔들 세계사》(파피에, 2014), 《과학과 기술로 본 세계사》(모티브북, 2006), 《세계사 아는 척하기》(팬덤북스, 2018) 등이 보조 독서의 목록이 될 만하다. 여기에, 《처음 세계사》(RHK, 2016), 《초등학생이 알아야 할 세계사 100가지》(어스본코리아, 2018), 《나의 첫 세계사 여행》(휴먼어린이, 2018), 《끄덕끄덕 세계사》(아카넷주니어, 2015) 류의 도서가 모방 독서의 대상이 된다.

마지막으로 교차 독서는 지금 쓰고 있는 책과는 상관없이 자유롭게 책을 읽는 일입니다. 좀 엉뚱하다고 생각될지 모르지만, 교차 독서가 필요한 이유는 내용을 제외한 모든 요소들—편집 형태, 글쓰기 전개 방식 등에 대한 힌트를 얻기 위해서입니다. 더 나아가서는 융합 콘텐츠의 아이디어를 제공해 줄 수도 있습니다.

또한 한 가지 주제에만 몰입하는 머릿속을 리프레시(refresh)하기 위함입니다. 집필 기간이 길수록 오로지 한 가지 내용의 독서만 하다 보면, 그 내용에 중독되어 판단력이 흐려지는 경우가 있는데 이때는 집중 도서 목록을 잠시 미루어 둘 필요가 생기니까요.

독서는 포스트잇과 함께

작가들은 저마다 독서하는 습관과 방법이 정해져 있지만, 논픽션 작가들은 자료가 되는 책을 어떻게 다루느냐가 가장 큰 관건이다. 어제 읽은 자료의 내용을 오늘 잊을 때도 있고, 쓰다 보면 읽은 내용이 잘 기억이 나지 않는 수도 있다. 뿐만 아니라, 이 내용을 본문에 넣기로 했는지 정보 페이지에 넣는 게 좋은지 애매할 때도 있다. 이때 포스트잇을 활용해 보자. 책을 읽으면서 반드시 책의 본문에 넣어야 할 내용이 들어 있는 페이지에는 빨간색 포스트잇, 본문은 아니지만 정보 페이지에 넣으면 좋을 내용은 파란색, 본문과 정보 페이지에도 넣을 내용은 아니지만, 팁이나 다른 방식으로 활용하면 좋을 내용은 노란색을 붙여 둔다. 여기에 더하여, 지금 당장 쓰고 있는 책에는 도움이 안 되지만, 또 다른 기획에 활용할 수 있는 내용이 있다면 녹색을 붙인다. 이렇게 해 놓으면 읽은 지 오래된 자료도 금세 분류가 가능해진다.

09

분석은
왜 필요할까?

출판사 편집자를 만나면 이따금 이런 말을 합니다. "편집자는 작가가 가져온 빈사 상태의 원고에 숨을 불어넣는 직업이지 비평가가 아니다." 이 말은 작가가 보내온 원고의 단점을 찾아내 거절할 생각보다 10개 중 단점이 9개이고 장점이 1개뿐인 원고라도 그 1개의 장점을 살려 책으로 만들 수 있어야 한다는 의미입니다. 앞에서 말했지만, 작가가 가져야 하는 편집자의 마인드는 바로 이런 것입니다. 그런 편집자 마인드로 다른 작가가 쓴 책을 읽어야 합니다.

다음의 분석 노트는 수업 중에 수강생이 직접 분석한 내용을 가감 없이 인용한 것입니다.

제목	궁금한 이야기 4차 산업혁명		
지은이	글 이현희 / 그림 홍지연		
출판사	서유재		
분야	• 국내도서〉어린이〉초등학습〉과학/환경 • 국내도서〉어린이〉1–2학년〉1–2학년 학습 〉 1–2학년 과학/환경 • 국내도서〉어린이〉3–4학년〉3–4학년 학습 〉 3–4학년 과학/환경		
출간일	2018년 09월 28일	발행	2018년 9월 28일 초판 1쇄 발행
매수	136쪽	판매지수	1062(출처 YES24)

목차

세상을 바꾸는 힘–빅데이터
–마틴이 꿈꾸던 '평화'를 위해서
–궁금한 이야기
빅데이터는 얼마나 클까 / 빅데이터, 3V를 기억해 / 빅데이터, 어디에 쓰일까? /
빅데이터가 빅브라더? / 우리들의 빅데이터를 보호하자!
–빅데이터로 짜장면을 팔았어

진짜야? 가짜야?–가상 현실
–젖지 않는 수영으로 물 공포를 이겨요!
–궁금한 이야기
가상 현실을 보여 주는 특별한 장치 / 가상 현실은 어떻게 진짜처럼 느껴질까? /
가상 현실, 어떻게 쓰일까? / 사이버 멀미를 조심해
–화성 여행을 다녀왔어

생명을 살리는 똑똑한 비행–드론
–엄마와 동생을 구한 작은 날갯짓
–궁금한 이야기
벌처럼 높게, 빠르게, 드론이 뭐야? / 드론은 어떻게 날까?
드론, 어디 어디에 쓰일까? / 드론 조종은 이렇게!
–네팔 지진에서 사람을 구했어

세상에서 가장 따뜻한 손–3D 프린터
–다니엘에게 찾아온 놀라운 선물
–궁금한 이야기
3D 프린터로 빠르게, 뚝딱뚝딱! / 3D 프린터는 어떻게 물건을 인쇄할까? /
3D 프린터, 어디에 쓰일까? / 3D 프린터가 범죄에도 이용된다고?
–한 명을 돕는 일은 여럿을 돕는 일

책 내용	4차 산업혁명을 대표하는 기술의 실제 적용 사례를 동화 형식으로 소개 : 첨단 과학 기술이 접목되어 더 좋은 세상을 만들고 있는 이야기를 토대로 4차 산업 혁명의 개념과 다양한 기술, 가치 등을 전달
책 구성	**실생활 + 4차 산업혁명 첨단 과학 기술 = 변화** 세계 곳곳에서 실제 일어났던 사건을 어린아이가 주인공인 이야기로 각색하여 전개. 사건은 소소한 잘못부터 범죄, 테러까지 어떤 문제가 발생하여 처해지게 된 곤경이 나, 소외받은 지역 사람들의 어려움, 우리 주변에서 흔하게 볼 수 있는 갈등들로 다양 하다. 사건 중심의 어린이가 드론, 인공 지능, 공간 정보 등을 접함으로써 희망을 갖고 더 나은 미래를 꿈꾸게 된다는 이야기.

	궁금한 이야기
	각 동화에서 소개된 기술의 개념과 활용성, 고민해 봐야 할 문제 등을 소개
책 구성	미래에서 온 OO의 편지
	첨단 과학 기술이 사회 전반적으로 일상화되었을 때, 즉, 미래에 우리는 어떤 모습으로 살아갈 것인가를 가상하여 가상 인물 한 명이 경험한 현실을 짧은 편지 형식으로 전달

❖ 디자인 & 분량

각 챕터의 동화 분량과 비중은 적절하다.

디자인 또한 글자 크기도 촘촘하지 않고 그림도 따뜻한 느낌으로 해당 이야기를 잘 구현했다.

하지만 정보 전달 부분의 '궁금한 이야기'는 분량과 수위를 좀 더 어린이의 눈높이에 맞춰 조정했다면 좋았을 것 같다는 아쉬움이 든다.

소개하고자 하는 내용과 정보도 많고 설명도 길다.

기술 원리와 구조, 개발자 소개는 짧게 한 단락으로 줄이고 일상생활과 접점, 다양한 분야에서 응용 가능한 부분을 좀 더 친근하고 체감 가능할 수 있도록 소개했다면 더 좋았을 듯하다.

평가

❖ 문장

동화 마지막, 기술이 결국 사람에게 행복을 가져다줌을 따뜻한 문장으로 마무리 지어 여운이 남는다. (기술을 소개하고 있지만 결국 4차 산업혁명의 주인공은 사람)

"시리야, 새 친구가 생겼어. 네 덕분이야."

"그렇게 말해 줘서 고마워."

거스는 최고의 단짝 시리와 함께여서 행복했어요. -거스와 시리의 우정 이야기

며칠 뒤 사루는 트렁크에 짐을 챙겼어요. 이제는 진짜 여행을 떠날 시간이에요. 25년 만에 집으로. -소년에게 찾아온 기적의 지도

3D 프린터가 가져다 준 진짜 선물은 의수가 아니라 희망이었어요.

  -다니엘에게 찾아온 놀라운 선물 등

총평

4차 산업혁명이라는 주제로 동화, 정보 전달의 시도를 했다는 것이 흥미로웠고 사건 보디는 사림의 감정와 희망, 행복으로 귀결된다는 것.

첨단 기술의 세상 속에서도 중요한 것은 이를 다루고 접하는 사람임을, 그리고 4차 산업혁명을 이끌어 내고 기술을 구현하게 하는 것도 사람에게서부터 시작한다는 순환적인 느낌을 갖게 한다.

하지만 선택한 이야기가 다소 무겁거나 어린이들이 받아들이기에 피부에 와닿지 않는 이야기들도 있다.

특히 빅데이터를 통해 범죄자를 잡을 수 있다는 이야기에 나오는 주인공이 다리를 잃고 형제가 숨을 거두었다는 내용의 전개 자체가 조금은 거부감이 들기도 했다.
빅데이터를 활용한 건강 서비스나 제도 등 국내에서도 풀어낼 수 있는 아이템이 있었을 텐데 조금은 아쉽다는 생각이 들었다.

작가는 쓰는 사람이지 읽는 사람이 아닙니다. 읽고 생각하는 데서 끝나면 독자이며, 읽고 쓰면 작가로서 첫발을 딛는 것입니다. 읽는 데서 그치면 아무리 많은 책을 읽더라도 좋은 독자는 될지언정 하찮은 작가조차 될 수 없습니다. 손을 움직여야 합니다. 우리는 작가의 투박한 손길을 경험해야 세련된 독자에서 벗어날 수 있습니다. 편집자 출신의 수강생이 가끔 "누구보다 많이 읽었는데, 쓰는 건 잘 못하겠어요"라고 말하는 것은 겸손이 아니라 정말 그런 것입니다. 그래서 이와 같은 분석이 꾸준히 필요합니다.

'서지 사항'과 '목차'는 읽는 책의 기본 정보에 해당합니다. 발행 연도와 판매지수는 이 도서의 현실적 위치를 가늠할 수 있게 하고, 특히 차례는 이 책의 뼈대이므로 독서 뒤 책의 내용을 다시 한번 숙지할 수 있게 해 줍니다. 차례에 언급한 콘텐츠 하나하나가 이 책을 완성하는 데 어떤 역할을 하는지, 각각의 콘텐츠는 이 책에 합당한 내용인지를 유심히 살펴보기를 권합니다. 그러면 책 한 권으로서의 완결성을 확인하고, 완성도를 측정할 수 있습니다.

'책의 구성'은 책의 포맷, 곧 형식을 확인하는 과정입니다. 작가가 책을 쓰기 전에 가장 고민하는 부분 중 하나입니다. 보통 전달하려는 정보의 종류와 양 등에 따라 결정되는데, 어떤 포맷을 택하느냐에 따라 가독성, 흡인력, 접근성, 난이도가 결정됩니다. 그러므로 포맷을 확인하는 일은 작가에게는 향후 자신의 책에 응용할 수 있는 힌트를 얻는 일이 될 수도 있습니다.

보통은 '본문 글+정보 글' 정도로 단순화되어 있다고 생각하기 쉽습니다. 물론 어린이 논픽션의 상당수는 이러한 구성 방법을 택하고 있는 게 사실입니다. 하지만 자세히 뜯어보면 이 단순한 포맷이 다채롭게 분화되어 있음을 알 수 있습니다.

위의 분석 노트를 염두에 두고 실제로 출간된 《궁금한 이야기+4차 산업혁명》을 살펴보면, 각 꼭지마다 소제목 표제를 해설해 주는 인트로가 2쪽, 실화를 바탕으로 하는 에듀테인먼트 스토리텔링이 8쪽, '궁금한 이야기+'라는 표제를 달고 있는 정보 페이지가 5쪽, 편지글 형식의 마무리 1쪽으로 구성되어 있습니다. 다소 복잡해 보일 수 있지만 이 책은 다채로운 구성을 통해 어려운 주제에 보다 경쾌하게 접근할 수 있도록 배려했습니다.

물론 차례 자체에 대한 의문도 가져야 합니다. 콘텐츠가 독자의 호기심을 이끌어 낼 만한 것들로 채워져 있는지, 그 순서 역시 이런 기준을 배려한 것인지 눈여겨보아야겠지요. 이때 차례는 수평적 배열로 무리가 없는지, 그러면서도 콘텐츠 간의 패턴화는 잘 극복하고 있는지를 살펴야 합니다.

'평가'는 다양한 시각으로 접근해야 합니다. 내용을 확인하고 '재미있다/재미없다'는 식의 1차원적 평가는 일반 독자가 하는 일입니다. 앞에서 말했듯이 어린이 논픽션은 분석해야 할 텍스트가 내용만이 아니므로, 편집 디자인은 물론이고 적절한 삽화가 적재적소에 들어갔는지, 타이포의 크기이며, 아이들이 읽기에 무리 없는 분량인지도 확인해 볼 필요가 있습니다.

재미가 있고 없고의 판단도 성인의 입장에서 하는 게 아니라 어린이의 시각에서 해야 합니다. 어른과 어린이의 기호 차이는 아주 커서, 어린이 독자는 어른이 생각하지도 못한 곳에 흥미의 방점을 둘 수도 있습니다. 프롤로그에서 말한 것처럼, 어린이(독자)는 성인과 다른 세계에서 살고 있으므로 흥미에 대한 기준점도 다르다는 뜻입니다. 그렇게 하여 재미가 있다면 주효한 부분이 어디인지, 재미가 없다면 무엇이 부족했는지를 눈여겨보아야 합니다. 바로 이 지점이 우리(작가)가 더 새로운 책을 만들어 낼 수 있는 시작점이 됩니다.

아울러 당연히 문장에 주목해야 합니다. 인용된 분석 노트에는 적게 다루고 있지만, 분석 중에 좋은 문장과 표현 등을 타이핑하는 것을 권합니다. 이는 자연스러운 필사 방법 중 하나입니다. 동화나 소설만이 아니라, 어린이 논픽션은 수신자와 전달자 사이의 언어적 간극이 매우 커서, 전달자는 수신자의 언어 습관, 어휘 등을 면밀히 고려해야 합니다. 그러므로 이를 충족하기 위한 문장에 대한 관심은 지나쳐도 나쁘지 않습니다. 그렇다고 문장이 항상 우선이란 뜻은 아닙니다. 문장은 작가가 자신이 쓰려는 글에 대해 소재를 완전히 지배하지 못하면 아무리 필사를 해도 늘지 않는다는 점을 기억해야 합니다. 좋은 문장은 맥락에서 나온다는 것도 잊지 말아야 합니다.

끝으로 주목할 만한 것은 '평가'와 '제안'입니다. 어떤 비판도 상관없지만 (그에 상응하는) 제안이 필요합니다. 이를테면 '내가 이 책을 다시 만든다면 어떤 내용을 빼고, 보완하며, 어떤 내용을 추가하겠다'는 방식의 자세이지요. 이미 출간된 책에 반영될 가능성을 위해서가 아니라, 이후 자신이 이와 유사한 기획─내용적 측면에서든, 형식적 측면에서든─을 하게 될 때, 자신의 작품에 지침으로 삼으라는 의미입니다. 이런 노력은 나중에 자신의 기획을 스스로 평가하고 수정하여 더 발전시키는 데 도움이 될 것입니다.

이와 같은 분석 하나는 어린이 논픽션 작가에게는 책 열 권을 말없이 훑어보는 일보다 훨씬 가치 있는 일입니다.

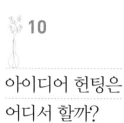

아이디어 헌팅은
어디서 할까?

아이디어 헌팅

교과서	• 교육 과정 이해, 연령별 수준에 대한 인지 • 단원별/차시별/개념별 이해 → 기획
도서 목록	• 출판사 별 출판 유형 파악
뉴스 및 다큐	• 트렌드 파악–교육 뉴스 등 참고
서점	• 어린이 시장에서 내 기획의 위치 확인 → 적확한 위치 파악 • 성인 시장의 흐름 파악
도서관	• 가장 많이 대출된 도서는 무엇인가? • 전방위적 독서

좋은 어린이 논픽션 책을 쓰기 위한 아이디어는 어디에서 얻는 게 좋을까요? 이 질문에 얼핏 마인드맵 같은 것을 떠올릴지도 모르겠습니다. 모든 글쓰기의 만능인 것처럼 책마다 등장하는 이 방법은 너무나 한계가 뚜렷하지요. 글 쓰는 이의 지식 정도나 창의력 등을 고려하지 않았기 때문입니다.

어떤 아이디어든 머릿속만 헤집어서 떠오르는 것이 아닙니다. 사실 마인드맵이란 것도 기반 지식이 풍부할 때 훨씬 효과를 발휘하지요. 인간은 경험하지 못한 것을 상상할 수 없다는 명제를 떠올리기 바랍니다. 어쨌든 아이디어가 있을 만한 곳으로 직접 뛰어드는 것이 더 중요합니다.

독자의 언어 수준과 교양 정도를 파악하는 출발점, 교과서

어린이 논픽션 작가가 교과서를 분석하고 검토하는 일은 단순히 예비 독자의 눈높이와 지식 수준을 확인하는 데 그치더라도 그 자체로 유용하고 가치 있는 작업입니다.

강의 中에 간혹 이런 질문을 받습니다. "지금 제가 쓰고 있는 책은 초등학교 3학년 정도를 대상으로 하는데 단어와 문장, 내용의 난이도 등을 어느 정도 수준으로 써야 할지 모르겠어요."

이 질문에 비교적 확신을 갖고 대답할 수 있는 사람은 아이들과 가장 많은 시간을 보내는 부모나 선생님일 것입니다. 하지만 그들에게 의견을 구할 수 없는 작가에게 그들의 언어 수준을 가장 면밀하게 들여다볼 수 있도록 해 줄 수 있는 것이 바로 교과서입니다. 교과서는 수신자의 지식 수준은 물론 언어 수준을 확인하는 데도 꼭 필요합니다. 특히 어린이 독서 시장에서는 초등학생을 저·중·고학년으로 나누고 그에 따른 수준별 독서를 권장하고 있으므로, 작가 입장에서는 자신의 기획(또는 작품)이 어느 학년 수준에 맞는지 적확한 위치를 찾아내는 데도 좋은 기준점을 제시할 수 있을 것입니다.

우리나라 어린이 논픽션은 교과서와 밀착도가 아주 높아서 그것 자체가 하나의 아이디어가 되기도 합니다. 편집자는 갈수록, "작가님이 쓰신 이 책은 교과서의 어느 부분과 관련이 있나요?"라고 묻고, 심지어 교과 과정을 염두에 두지 않고 쓴 내용에 대해서도 실낱같은 연계성을 찾아내려 합니다. 애초에 작가가 교과서에 대한 지배력을 높이면 교과 과정과 연계한 기획이 자연스럽게 이루어질 것입니다.

그러나 주의할 점도 있습니다. 교과 연계에 너무 집착하면 자칫 교과 내용에 대한 해설서(참고서)를 쓰는 오류를 범할 수도 있습니다. 교과서를 참조하라는 말은 '가르쳐 주어야 할 것을 찾아내라'는 뜻이 아니라, '내가 쓰고자 하는 이야기가 (이 정도 수준의 아이들이 충분히 이해하고) 재미있어 할 만한 것인지'를 판단하는 척도로, '(같은 내용이라도) 보다 창의적으로 들려줄 방법이 있는지를 고민하라'는 의미입니다.

아이디어도 이 과정에서 나올 수 있습니다. 대체로 초등학교 교과서는 '개념에 대해서 이해하고, 기본적인 원리를 배우며, (지식을 축적하기보다는) 지식에 접근하는 방법과 과정을 익히도록' 구성되어 있습니다. 이는 중·고등학교에서 더 깊이 있는 학습을 하기 위한 기초가 되는 것으로, 교과서에 담겨 있는 모든 내용이 좋은 기획이 될 수 있습니다.

사계절, 생태계, 김구, 이순신, 인체, 우주, 지리, 경제, 정치, 조선, 다문화, 세계, 고구려, 서양의 명화, 환경, 물, 광물, 날씨, 3·1운동, 곤충, 꽃, 식물의 한살이……. 초등학교 교과서에 나오는 이와 같은 개념어를 무작위로 늘어놓아도 셀 수도 없을 만큼 많지요. 하지만 안타깝게도 이러한 내용 대부분은 여러 출판사에서 중복 출판되었습니다. 가장 기본적인 방법론은 '5W 1H'에 의한 접근입니다.

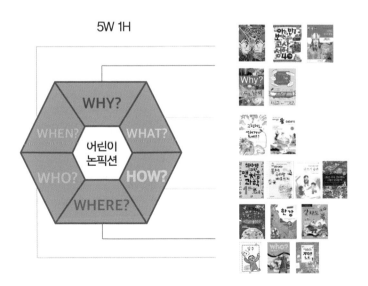

사계절은 어떻게(How) 생겨날까요? 인체란 무엇(What)일까요? 김구는 어떤 인물(Who)인가요? 식물은 어떻게(How) 자랄까요? 임진왜란은 언제(When) 일어났을까요? 우리는 어디(Where)에서 살고 있나요? 날씨는 왜(Why) 매일 변할까요? 물은 어떻게(How) 순환할까요? 경제란 무엇(What)인가요? 시는 어떻게(How) 써야 하나요? 3·1운동은 누가(Who) 일으켰나요……. 이미 출간된 어린이 논픽션 중 상당수가 이런 종류의 질문에 답하는 방식입니다. 물론 없는 분야가 없지요. 예민한 작가라면 교과서 속에 나와 있는 단 하나의 낱말에서도 아이디어를 얻으니까요.

얼핏 보면 신인 작가가 끼어들 여지가 없어 보입니다. 그래서 이따금 성급한 작가는 중·고등 과정에 있는 내용까지 담으려 합니다. 이들은 여전히 학습 내용을 전달하는 것이 어린이 논픽션의 목적의 전부라 생각하기 때문입니다. 하지만 어린이 논픽션은 결코 선행 학습을 위한 책이 아님을 명심해야 합니다.

이제는 교과서를 지도(map) 삼아 새로운 쓰기 방법을 적극적으로 고민할 때입니다. 이 지점이 바로 새로운 기획과 맞닿아 있는 부분이지요.

단적인 예로, 《역사신문》(사계절, 1996) 같은 책은 어떨까요? 한국사를 신문처럼 보여 줄 생각을 했다는 건 무엇보다 '어떻게'에 대한 집중도가 아주 컸다는 의미입니다. 이 책을 읽을 때 독자는 글 외에도 마치 신문을 보는 듯한 색다른 재미를 느꼈을 것입니다. 더구나 출간 당시에는 신문을 이용하는 NIE(Newspaper In Education) 독서 논술 교육이 크게 활성화되고 있었습니다. 순발력과 창의력의 빛나는 기획이었다고 할 수 있습니다.

〈신기한 스쿨버스〉(비룡소, 2018 개정판) 시리즈는 한때 크게 주목받았습니다. 물론 이 책은 지식 정보 그림책의 형태이기 때문에 글밥이 많은 책들에 비해서는 접근도가 높습니다. 하지만 그것만으로 전 세계적으로 1억 명이라는 독자를 가질 수는 없었을 것입니다. 이 버스가 어디든 간다는 아주 단순한 설정이 매력적이지요. 하늘을 날아, 대기권에서 벗어나 지구 온난화에 대해서 이야기하기도 하고, 먼지처럼 작아진 뒤 몸속으로 들어가 버스에 탄 아이들에게 인체의 신비를 보여 주기도 합니다. 이 간단한 설정 하나로 어린이책으로는 드물게 세계 최고의 베스트셀러가 되었습니다.

맞습니다. 최근 들어 에듀테인먼트 스토리텔링 책들이 급격하게 늘어난 것도 '어떻게'에 주목했기 때문이라고 풀이됩니다. 왜냐하면 전통 논픽션의 '어떻게'에는 한계가 있는 반면, 정보를 이야기 속에 녹여 내면 정보는 똑같지만 이야기가 제각각이기에 새롭다는 착시 현상이 강해지기 때문입니다. 그래서 에듀테인먼트 스토리텔링이 어린이 논픽션의 대안이라는 말도 나오고 있습니다.

어쨌든 교과서는 어린이 논픽션 작가들에게 '무엇'이 있는지를 확인하는 곳으로, 그것을 '어떻게 쓸 것인가'를 고민하는 출발점으로 작용할 것입니다.

영감을 얻고 좌절을 배우는 곳, 서점과 도서관

교과서 밖으로 나왔다면 그다음으로 가야 할 곳은 서점입니다.

앞에서도 여러 번 이야기했지만 서점은 벤치마킹을 위해서도, 트렌드를 파악하기 위해서도 자주 나가야 하는 곳입니다. 무엇보다 서점은 작가에게 큰 영감을 선사하는 동시에 좌절감을 함께 전해 주는 장소입니다. 수많은 종류의 책을 훑어보는 것만으로도 아이디어를 얻겠지만 '내가 쓰려던 그 책이 이미 나와 있다는 사실에 좌절'하는 장소가 바로 서점입니다. 아이러니하게도 작가로서 첫걸음은 바로 이것, '내가 생각하고 있는 그것은 이미 누군가의 손에 의해 쓰였음'을 확인하는 일입니다. 그것과 다르게 써야 한다고, 더 잘 써야 한다고 생각하게 될 테니까요.

무엇보다 서점에서 아이디어를 얻고자 방문했다면, 조금 더 계획적으로 접근해 보면 좋겠습니다.

첫째, 신간 매대에서 새로 나온 책을 확인합니다. 신간은 베스트셀러와 함께 트렌드를 확인하기 위해 꼭 점검해야 합니다. 어떤 종류의 책이 나와 있는지부터 어떤 식으로 서술하고 있는지에 대한 내용까지 포함해서 말이지요. 신간은 지금 어린이 논픽션의 흐름을 잘 보여주고 있습니다.

그다음은 서가 깊숙이 들어가 눈에 띄는 (혹은 마음에 드는, 흥미롭거나 평소에 관심을 두고 있던) 책을 발견하면 꺼내서 판권부터 확인합니다. 몇 쇄가 찍혀 있나요? 책은 참 괜찮은데—물론 전적으로 주관적인 판단이겠지만—몇 년이 지나도록 재쇄를 찍지 못한 책이라면 그 책을 수정 보완하여 새로운 기획을 할 수 있는지 검토해 보세요. 자세한 이유는 알 수 없지만, 그 책은 트렌드에 비추어 너무 일찍 나왔거나, 구성은 괜찮은데 내용이 어렵거나, 홍보가 덜 되었거나, 등등의 이유가 있을 것입니다. 이와 같은 책을 잘 가려낼 수 있다면 뜻밖의 성과를 거둘 수도 있습니다.

우리는 어린이 논픽션을 쓰는 게 목적이지만, 성인 논픽션 분야도 점검해야 합니다. 어린이 도서 시장의 트렌드는 자생적인 측면도 있지만 성인 시장의 흐름을 따라 형성되기도 합니다. 이윤기의《그리스 로마 신화》(웅진지식하우스, 2000)가 베스트셀러가 된 이후 신화와 관련된 책이 어린이 시장에서도 큰 인기를 끌었고, 최근 인문학이 활성화되면서 어린이 쪽에도 수많은 인문학 도서가 쏟아지고 있습니다.《정의란 무엇인가》(와이즈베리, 2014) 등이 어린이책으로 재출간되고, 이와 유사한 개념의 도서들이 끊임없이 출간되었습니다. 심지어 어른들 사이에서 유행하던 컬러링북이 어린이용으로 출간되기도 했습니다.

특히 몇 년 전부터 활황세를 보이는 4차 산업혁명 관련 도서는 논픽션은 물론 동화 시장까지 뻗어 나가고 있지요. 그러므로 성인 시장에서 지금 트렌드화된, 혹은 가능성을 보이고 있는 도서들에 대한 면밀한 분석이 필요합니다.

아울러 서점과 유사한 기능을 할 수 있는 곳이 도서관입니다. 다만 도서관에서는 어린이 독자가 어떤 책을 많이 대출했는지 확인해 보는 일이 중요합니다. 그것은 지금 아이들이 무엇을 좋아하는지를 알 수 있는 척도가 될 테니까요. 바로 지금, 곁으로 다가가 무슨 책을 읽고 있는지 곁눈질해 보면 어떨까요?

체크리스트 ⑫

가장 손쉬운 기획의 한 방법?

《방바닥 세계사. 집 이야기》(가교, 2016)는 한 외국 사진작가의 여행서(성인용)에서 영감을 얻었다. 그 여행서에는 지은이가 다닌 수많은 나라의 특이한 집들이 수도 없이 나열되어 있었고, 그들의 생활을 소개하는 내용이 담겨 있었다. 《방바닥 세계사. 집 이야기》는 그 책의 기본적인 콘셉트, 즉 세계의 특이한 집을 소개한다는 데서 아이디어를 얻고, 여기에 지리적 정보와 세계 아이들의 생활 모습을 담아내면서 새로운 책으로 집필되었다. 어른들의 책에도 수많은 아이디어가 있다. 이를 모방 기획이라 한다.

당신의 능력을 보여 줘, 도서 목록

일 년에 몇 번 열리는 각종 도서 전시회를 다녀 보면, 여기에 참가한 출판사들 대부분이 도서 목록을 제작해서 무료로 배포합니다. 물론 출판사 입장에서는 책을 한 권이라도 더 팔기 위한 고육지책인데, 이것을 받아가는 사람은 많지 않습니다. 대부분은 짐이 될 뿐이라 생각하니까요. 하지만 어린이 논픽션 작가에게 이 도서 목록은 새 책을 기획하는 교본이나 다름없습니다.

도서 목록에서 확인해야 할 것은, 단순히 어떤 책이 나왔는지에 대한 점검이 아닙니다.

첫째는 단행본이면서 시리즈를 이어가고 있는 도서에 주목해 보세요. 특히 성공한 시리즈라면 출판사는 어떻게든 그 뒤편을 이어가고 싶어 합니다. 10년 이상 어린이 청소년 분야에서 베스트셀러의 자리를 굳건히 지켜 온 〈노빈손〉 시리즈의 경우는, 최초의 시리즈가 성공하면서, 분야를 세분화했고, 나아가 3,000만 원 공모전을 실시하기도 했습니다. 그 이후에도 수많은 작가에게 문호를 개방하여 지금도 꾸준한 인기를 이어 오고 있습니다.

둘째는 그 출판사에 있는 책과 없는 책을 확인하세요.

보통 작가는 일단 기획서 혹은 원고가 완성되면 용기 있게 출판사에 전송하여 검토를 요청합니다. 사실 신인이 아닌 중견 작가들도 한 번에 출간하겠다는 대답을 듣기가 쉽지 않습니다. 이 거절에는 여러 가지 이유가 있겠지요.

원고에 전혀 문제가 없는데도 출판사가 거절하기도 합니다. 그런 경우는 대부분 자사의 도서 목록에 있는 경우에 해당합니다. 특별한 경우가 아니면 출판사는 같은 분야의 유사한 책을 또 내려고 하지 않습니다. 그것은 한발 먼저 책을 낸 작가에게도 예의가 아니니까요. 그러므로 작가는 자신의 원고가 그 출판사에 있는지 확인하여, 있다면 피하는 게 좋고, 그래도 그 출판사에서 내기를 원한다면 원고의 방향을 대폭 수정하는 것이 좋습니다. 이때 도서 목록이 좋은 지침이 될 것입니다.

도서 목록을 상세히 살피다 보면 해당 출판사의 성향도 알 수 있습니다. 보수적인지 진보적인지, 학술적인 내용을 추구하는지, 보다 대중적인 것을 선호하는지, 등등의 판단을 할 수 있지요.

이런 모든 조건을 고려하면 '타깃 기획'을 할 수 있습니다. 타깃 기획이란, 처음부터 특정한 출판사의 특정한 시리즈를 겨냥한 목적 의식적 기획을 의미합니다.

체크리스트 ⑬

시리즈인 듯 시리즈 아닌 단행본

북멘토 출판사는 첫 책 《세계를 바꾸는 착한 기술 이야기》(북멘토, 2013)를 시작으로 《착한 똥 이야기》, 《착한 마을 이야기》 등 이른바 〈착한 이야기〉 시리즈를 꾸준히 개발했다. 이 시리즈의 기본적인 키워드는 친환경, 공공성 등이었다. 최근의 트렌드에도 부합했으며 각각의 주제도 선명성이 있어서 개별 책들은 과학 도서 등으로 선정되기도 했다. 이처럼 개별적으로는 단행본이면서 모아 놓으면 시리즈로서의 역할을 하는 책들이 최근 출판사의 이목을 끌고 있다.

순발력이 관건-뉴스에 대한 관심

2018년의 최고 이슈는 남북한 정상의 만남과 정치적 화해 분위기였습니다. 이런 대세를 틈타서 남북 분단과 통일에 대한 책들이 출간되기 시작했고, 이 책들은 짧은 시간에 좋은 반응을 얻었으며, 아직도 지속 중입니다. 한국사가 수능에 포함된다고 발표되던 2015년부터 어린이 논픽션 시장은 역사책이 대세를 이루었고, 지금도 진행 중입니다. 촛불 시위로 정권이 바뀐 직후 민주주의라는 키워드가 회자되면서 민주 시민, 인권 등에 대한 책들이 늘어나고 있지요. 또한 2019년은 3·1운동 100주년이 되는 해라 이와 관련된 책들이 기획되어 시장에 출시되었습니다.

이처럼 모든 책은 성인이든 어린이든 할 것 없이 사회적 흐름에 아주 민감합니다. 트렌드도 이 과정에서 만들어지는 것이지요. 물론 이런 예는 과거에도 끊임없이 반복되어 나타났습니다. 심지어 어린이 논픽션은 드라마의 영향도 받습니다. 〈불멸의 이순신〉이라는 드라마를 할 때는, 이순신 관련 책들이 만화부터 논픽션에 이르기까지 다양하게 출간되었고, 〈미실〉이 방영될 때는 선덕여왕 책들이 발 빠르게 출간되었습니다.

그러므로 논픽션 작가는 대세적 흐름을 읽을 수 있는 안목이 필요하고, 곧 닥칠 이슈에도 관심을 가져야 합니다. 특히 교육 뉴스는 핵심입니다. 앞에서 말한 것처럼, 역사가 수능 시험에 정식 과목으로 채택된다거나, 인성 교육이 강화된다거나, 코딩이 교과 과정에 포함된다거나 하는 식의 뉴스는 어린이 도서 시장의 분위기를 바꾸어 놓을 수 있는 민감한 뉴스입니다.

아울러 빅데이터 시대에 주목할 만한 콘텐츠로 부상하고 있는 동영상 자료에도 관심을 기울여야 합니다.

우선 텔레비전에서 방영하는 다큐멘터리는 대부분 이슈화된 사건이나 주제를 다룹니다. 해당 주제에 대한 깊이 있는 탐색이 이루어지는데, 이 내용은 논픽션 작가에게 좋은 영감을 줄 수 있습니다. 여기에 더하여 거의 실시간 반응이 되돌아오는 유튜브 채널도 면밀하게 검색해 보기를 권합니다. 다양한 지식의 정보가 그림과 함께 설명되고 있는 것이 많아서 글로 된 자료 못지않습니다. 최근에는 예전과는 달리 백과사전식 정보가 아닌, 하나의 주제를 다양한 관점에서 파고드는 책이 많이 출간되고 있는데 눈여겨볼 만한 주제들이 많습니다.

그들만의 리그, 수상한 키워드를 찾아서

교과서에는 잘 다루지 않는—있더라도 잠깐 언급되고 마는—그러나 어린이가 반색을 하고 좋아하는 키워드가 있습니다. 가령 공룡은 교과서에서는 많이 다루어지지 않으나 시중에는 공룡 백과사전이 나올 정도로 아이가 좋아하는 소재입니다.

순발력

《내일을 바꾸는 사회 참여》(개암나무, 2019)는 〈우리는 민주시민〉이라는 시리즈의 첫 번째 책이다. 이 시리즈는 촛불 시위 이후 다시 주목받기 시작한 민주주의 논의에 적극 부합하는 시리즈라 할 수 있다. 특히 민주주의의 하위 카테고리 중 하나인 '사회 참여'를 첫 번째 책으로 출간함으로써 희소가치를 높인 것이 인상적이다. 또한 일부 지방 자치 단체에서 사용 중인 《더불어 사는 민주 시민》 교과서의 내용에도 부합하고 있어 기획의 순발력이 돋보인다.

지저분한 키워드 역시 좋아하는데, 대표적인 것이 '똥'입니다. 어린이는 이상하게도 어른이 질색하는 것들에 관심을 많이 보입니다. 똥에 관한 어린이책이 나오기 시작한 것도 얼마 되지 않습니다. 《구리구리 똥 이야기 30》(하늘을나는교실, 2014), 《세상을 바꾼 착한 똥 이야기》(북멘토, 2013), 《배꼽 빠지게 웃기고 재미난 똥 이야기》(미래아이, 2009), 《역사 속 똥 오줌 이야기》(스콜라, 2015) 등이 그것입니다.

《세상에서 젤 쇼실꼬실한 과학책》(씽크하우스, 2005)도 매우 신선한 발상이었지요. 바퀴벌레와 기생충, 파리 등의 생태를 다루기도 하고, 발냄새와 입냄새, 방귀의 원리도 차례에 들어가 있습니다. 앞에서도 말했지만, 어른은 추상적 사고를 하면서 미와 추에 관한 절대적 구분이 확실한 데 비해 아이는 여전히 원시적 사고를 하기에 모든 것을 동등하게 받아들이지요. 어른과는 달리 아이는 엉뚱한 곳에도 관심이 있다는 것을 기억해야 합니다.

어느 곳에도 아이디어는 있습니다. 우리(작가)가 발견하지 못했을 뿐입니다.

체크리스트 ⑮

내용적 키워드와 형식적 키워드

《초등학생을 위한 개념 과학 150》은 제목에서 알 수 있듯이 초등학생이 알아야 하는 과학의 개념 150가지를 Q&A 식으로 정리하고 있다. 이미 오래 전부터 유행했던 방식의 기획인데, 의외로 이런 식의 책은 일정한 기간을 두고 반복적으로 재기획되어 출간된다. 어른은 이러한 기획에 새로움이 없어서 진부하다고 느낄지 모르지만, 어린이 독자에게는 짧으나 다양한 지식을 한꺼번에 익힐 수 있다는 측면에서 꾸준히 읽힌다. 실제로 많은 지식을 요약해 놓았다는 측면에서도 그림자 독자의 욕구를 자극할 것이다. 이처럼 어린이가 좋아할 만한 키워드는 내용뿐만 아니라, 형식에서도 찾을 수 있다.

11

어린이 논픽션 기획의
장점과 단점

어린이 논픽션의 핵심은 정확·적확·적절

어린이 논픽션을 기획하고 집필하는 작가에게 가장 유리한 점은 무엇일까요?

무엇보다 원고의 양이 많지 않다는 것이 큰 이점일 것입니다. 성인 논픽션이 최소 1000매(원고지 기준)가 넘고, 청소년 대상의 소설이나 교양서가 원고지 700매 안팎을 맞춰야 하는 것에 비하면, 어린이 논픽션은 고학년을 대상으로 잡아도 원고지 400매 수준이면 족하니까요.

또한 난이도 역시 깊지 않아서 (파악해야 하는 정보의 종류와 양도 폭이 넓지 않아서) 소재에 대한 지배력을 성인 논픽션에 비해 빨리 얻는다고 할 수 있습니다. 그러므로 아이디어의 창출에서부터 기획을 모두 포함한 집필 시간이 상대적으로 짧습니다.

하지만 이것이 무한정 장점이 될 수만은 없습니다. 원고량이 적은 대신 어떤 내용을 넣고 뺄지에 대한 선택과 집중에 대한 판단력이 뛰어나야 하기 때문이지요. 기획의 본질에도 맞으며, 독자 수준에 맞는 적절한 언어 구사를 해야 합니다. 이를테면 어린이책이므로 '풀어서' 써 주어야 하는 표현이 많기 때문에 엉뚱한 곳에서 원고량을 소비할 수 있습니다. 성인 책이라면 한자어 한두 개, 또는 영어 단어 몇 개면 되는 것을, 어린이책에서는 한 단락을 소모할 수도 있지요.

어린이 논픽션 기획의 핵심은 정확·적확·적절로 요약할 수 있습니다.

무엇보다 정확하게 팩트 체크를 해야 합니다. 어린이 논픽션은 오로지 작가의 상상력에만 의존하는 책이 아니므로 담고 있는 정보가 객관적으로 정확해야 하며, 이에 대한 합리적인 검증이 반드시 필요합니다.

어린이 논픽션 기획의 핵심

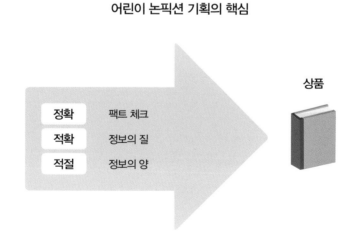

정확	팩트 체크
적확	정보의 질
적절	정보의 양

상품

특히 이 분야의 책 상당수는 저자의 의도와 관계없이 방과 후 수업이나 학원 등에서 보조 교재로 쓰이기도 합니다. 그러므로 정확성에 대한 요구는 필수적입니다. 작품 상당수가 교과 과정에 얽혀 있는데, 그런 이유 때문에 교사와 학부모는 내용의 오류에 대해서 아주 민감합니다. 숫자 하나가 누락되거나, 오자가 하나만 있어도 득달같이 출판사에 항의하기도 하지요.

꼭 그래서가 아니더라도, 어설픈 사실 확인은 작가에 대한 믿음에 치명적인 상처를 줍니다. 그러므로 팩트 체크를 위해서 다양하고 믿을 만한 자료를 충분하고 꼼꼼하게 읽는 것이 중요합니다. 아무리 자료가 풍부하다고 하더라도, 오류가 있거나 부정확한 자료는 솎아 내야 합니다. 특히 빅데이터 중에는 검증이 되지 않은 자료도 많아서 주의를 요구합니다.

정보의 질은 적시한 독자층에 알맞는 것이어야 합니다. 그래야 정보를 무리 없이 전달할 수 있고, 재미도 확보할 수 있습니다. 연령층에 비해 너무 쉽거나 어려운 정보를 나열하면 독서에 대한 흥미를 떨어뜨릴 것입니다. 이는 길게 보면 독자들의 독서 습관, 책에 대한 애정에 나쁜 영향을 끼칩니다. 논픽션도 동화 못지않은 재미를 주어야 한다는 사명감을 잊으면 안 됩니다.

여기에 더하여 새로운 정보에도 주목하기를 권합니다. 독자의 수준에 맞으며, 그러나 다른 책에는 없는 새로운 정보를 찾기 위해 작가는 부지런해야 합니다. 이 '새로움'은 우리가 쓴 책을 아주 특별한 책으로 기억하게 해 줄 것입니다.

신인 작가가 어려워하는 것 중 하나가 정보의 양을 조절하는 일인데, 일단 집필에 들어가면 더 많은 정보의 양을 자신의 책에 넣기 위해서 애를 씁니다. 그런 이유는 두 가지 정도로 추려지는데, 하나는 보다 많은 정보를 넣어야 좋은 책이라고 생각하는 경향이 있기 때문이고—물론 여기에는 작가의 욕심도 한몫하겠지요— 또 다른 이유는 작가가 독자의 정확한 수준을 파악하지 못해서 일어나는 일입니다. 정보의 양은 독자의 수준을 면밀하게 고려하고, 집필 중인 책의 성격을 완전히 이해한 뒤에 결정해야 합니다.

같은 정보로 여러 가지 다른 기획을?-장점

정확하고 적확하고 적절하게 정보를 마음대로 다룰 수 있다면, 어린이 논픽션은 하나의 소재로 다채로운 기획을 할 수 있습니다. 저학년용과 고학년용을 별도로 나누어 기획할 수도 있고, 정보 그림책이나 조금 더 층위를 높여 청소년용으로도 개발할 수 있습니다. 이런 탄력성은 작가가 가진 정보의 부가가치를 높일 뿐만 아니라, 덤으로 신속한 집필도 가능하게 하지요. 같은 내용으로 비슷한 책을 만들기에는 확장성이 부족한 성인 도서와 비교할 때 어린이 논픽션의 큰 장점이라 할 만합니다.

뿐만 아니라 같은 정보를 다른 글쓰기 방식으로 접근해 볼 수도 있습니다. 가장 평범한 입말체 말고도 편지글 형식이나, 일기체, 보고서 스타일 등의 방식이 그것입니다. 앞서 말한 대로 편집자 마인드가 꽉 차 있다면 이것을 기획에 활용해 볼 수도 있지요. 그런 의미에서 어린이 논픽션은 또 다른 의미에서의 원소스 멀티유즈(One-Source Multi-Use)랄까요?

더구나 어린이 논픽션은 창작 분야와는 다르게 작가의 경력이 쌓일수록 집필 시간이 짧아지는 것이 보통입니다. 왜냐하면 어린이 논픽션은 집필을 거듭해 나갈수록 자료를 찾아내고, 그것을 자신이 목적하는 바의 논픽션으로 쓰기 위해 압축, 분석, 재배열하는 일에 가속이 붙기 때문입니다. 만약 같은 분야의 책을 집필하게 되면 이 시간을 더욱 줄일 수 있겠지요. 아울러 부가가치까지 높아지는 효과를 누릴 수도 있습니다.

체크리스트 ⑯

어린이 논픽션의 확장성

어린이 논픽션은 연령대별로 유아(5~7세), 초등 저학년, 초등 고학년용으로 나누어 개발할 수 있고, 책의 형태에 따라서 일반 단행본과 정보 그림책, 전집 등으로도 개발할 수 있다. 2차적 요소라 할 수 있는 그림이나 사진을 이용해 재개발하는 방법도 있으며, 만화로도 만들어 낼 수 있다. 여기에 3차적 요소인 편집을 다변화하면 확장성은 더 풍부해진다. 이를 생각해 보아도 어린이 논픽션은 다양한 방면에서의 접근이 가능하다. 이를테면 교보문고나 YES24에서 '삼국유사'라는 키워드로 검색해 보자. 저학년부터 고학년용까지 페이지도 제각각이며, 그림책은 물론 전집용까지 다양하다.

다른 매체들과 경쟁해야 한다 – 단점

그런 반면, 어린이 논픽션은 항상 교과 과정이 문제가 되곤 합니다. 교과 과정은 시차를 두고 꾸준히 개편됩니다. 천지개벽의 수준으로 바뀌지는 않지만 추가되고 삽입되거나, 삭제되는 내용이 있어서 매우 순발력 있게 대처해야 합니다.

이를테면 2018년 이전까지 꾸준히 제기되어 오던 초등 교과서 한자 병기 문제가 그해에 없던 일이 되어버림으로써 기존 출간된 도서의 판매에도 영향을 미쳤고, 한자와 관련된 책을 개발 중이던 회사들은 출간을 연기하거나 포기하기도 했습니다. 학년별, 혹은 특정 교과서의 목차별로 만들어진 도서는 교과서가 개편되면 더는 쓸모없는 책이 되고 말지요. 그러니 교과 과정을 표시하는 일 자체도 매우 신중해야 합니다.

또한 어린이 논픽션 시장은 경쟁이 매우 치열합니다. 책 외에도 아이들이 좋아할 만한 매체들이 더욱 가공할 기술력을 앞세워 엔터테인먼트 시장을 점령하고 있고, 그 때문에 어린이 독자들이 책에서 점점 더 멀어지고 있기 때문입니다. 실제로 화려한 비주얼 텍스트를 무기로 한 매체는 눈에 띄게 진화하는데, 책은 변한 게 없고 고작해야 오디오북이나, 애플리케이션북, 팟캐스트 수준에 머물고 있지요.

무엇보다 인터넷에는 강력한 검색 엔진이 있습니다. 그래서 논픽션 작가는 종종, "그런 내용은 인터넷에 다 있잖아?"라는 핀잔과 싸워야 합니다. 검색 엔진에도 걸리지 않는 내용을 찾아서 쓰라는 게 아니라, 책의 가치를 스스로 창출해야 한다는 뜻입니다. 인터넷처럼 단편적 상식을 제공하는 수준을 벗어나지 못한다면 그 원고는 세상 밖의 책으로 나오기 힘들 것입니다.

《역사가 숨쉬는 세계 별별 마을》(종이책, 2017)은 작가의 능수능란한 글쓰기가 돋보입니다. '유네스코가 지정한 세계문화유산 마을'이라는 부제가 붙어 있는 이 책은 실제로 내레이터가 마치 여행 가이드처럼 한 곳, 한 곳을 안내해 주는 방식으로 쓰였습니다.

온 마을이 빨간 지붕이네! 저 뾰족 첨탑, 웅장한 성과 교회, 작고 예쁜 건물 좀 봐. 동화책의 그림을 그대로 옮겨 놓은 것 같아! 마치 왕자와 공주가 살고 있는 마을 같지 않니? 어서 와, 여기는 동화처럼 아름다운 마을 프라하야.

어머, 저것 좀 봐. 마리오네트 인형이잖아. 줄을 매달아 위에서 나무 막대를 움직여 조정하는 인형의 움직임이 신기해. 프라하에서는 마리오네트 인형 전용 극장이 있을 정노도 유명해. 저쪽에는 체코 전통 복장을 입은 사람들이 폴카를 추고 있네. 폴카는 남녀가 짝을 이루어 4분의 2박자의 음악에 맞춰 추는 빠르고 경쾌한 춤이야. 정말 신나지?

지금 우리가 서 있는 곳이 카렐 다리야. 마을을 가로질러 흐르는 이 강은 블타바 강이고, 카렐 다리 양쪽에 30인의 조각상이 있는 것이 독특하지?

전개 방식 자체가 시각적 상상력을 무척 자극하고 있습니다. 또한 어투가 마치 가이드가 아이들을 손을 잡아 이끌어 찬찬히 마을 여행을 나서는 기분을 느끼게 해 줍니다. 만약 단순한 유네스코 지정 유산을 소개하는 것이라면 이렇게 쓸 필요가 있었을까요?

'카렐 다리'로 한 포털 사이트를 검색하면 아래와 같은 내용이 출력됩니다.

> 16개 아치가 떠받치고 있는 이 다리는 유럽 중세 건축의 걸작으로 꼽힌다. 다리의 시작과 끝부분에 놓인 탑은 본래 통행료를 받기 위해 세운 것이다. 그러나 지금은 블타바 강이 내려다보이는 전망대 역할을 제대로 해내고 있다.
>
> 17세기 말부터 20세기 초까지 약 300년에 걸쳐 제작된 30개의 성인상도 볼거리다. 다리 양옆에 저마다 다른 모습으로 일렬로 늘어서 있는데, 성 요한 네포무크, 성 루이트가르트, 성 비투스 등 체코의 유명한 성인(聖人) 조각상이 가지런히 놓여 있다. 이 조각상들은 모두 성경에 나오거나 성인으로 칭송받는 사람들을 새겨 놓은 것인데 그중 성 요한 네포무크 조각상이 가장 유명하다.
>
> [네이버 지식백과] 카렐교 [Charles Bridge] (저스트고(Just go) 관광지)

같은 소재를 다루는 방법이 그 목적과 특성에 따라 다르다는 것을 알 수 있습니다. 《역사가 숨쉬는 세계 별별 마을》은 어린이가 읽기에 최적

화된 글쓰기 방법론을 보여 주고 있으며, 지식백과 사전의 서술은 포털 사이트에 맞는 정보 제공의 목표를 달성하고 있습니다.

이처럼 어린이 논픽션은 다양한 쓰기 방법론을 통해서 곳곳에 산재한 날것의 정보와 다뤄야 합니다. 그래서 '작가로서의 마인드'를 강조한 것이고, 그렇게 하지 못하면 어린이 논픽션은 흥미롭지도 않고, 일반인이 인터넷에 나열한 자료 수준을 넘어설 수 없습니다.

12

기획할 때
고려할 것

그렇다면 작가는 어떻게 자신의 책에 대한 가치를 스스로 창출할 수 있을까요?

어린이 논픽션은 단순히 지식을 일정한 주제에 따라 모아 놓은 것이어서는 안 됩니다. 그 안에 작가의 가치관을 담아야 하며, 책으로서 갖추어야 할 다양한 조건과 기준에 부합해야 합니다. 모두 다 그럴 수는 없지만, 수많은 경쟁 상품과 견주어서 손색이 없어야 하며, 독자들이 구태여 그것을 구입한 뒤 책꽂이에 꽂아 두는 수고를 할 수 있을 정도로 소장가치도 있어야 합니다. 어떤 책은 너무 재미있어서 두 번 읽은 경험이 있을 것입니다. 내 책이 어떤 독자에게는 그런 책이 되어야 한다는 각오가 필요합니다. 적어도 다음 질문 6개에 대답할 수 있어야 합니다.

어린이 논픽션 기획의 조건

첫 번째 질문, 이 책은 꼭 필요한가요?

정말 이 책은 어린이 독자에게 꼭 필요할까요? 정보가 담겨 있다고 어린이에게 모두 필요한 것은 아니므로 묻는 것입니다. 고개를 끄덕였다면, 이번에는 어떤 점 때문에 필요한지 말해 보세요. 힌트는 이런 것들입니다. 공부에 직간접적으로 도움이 되나요? 알아 두면 실생활에서도 활용할 수 있는 정보인가요? 이 책을 읽음으로써 독자는 도덕적 가치를 고양하거나, 인간이 근본적으로 추구하는 진실이나 양심, 아름다움 등에 대한 이상적 가치를 얻게 되나요? 그럼으로써 성장에 필요한 자양분이 될 만한 것들을 배울 수 있나요? 더불어 이 책을 읽은 아이는 다른 친구들에게도 권할 수 있을까요?

맞습니다. 이런 질문이 책의 존재 가치를 창출할 수 있는 조건들입니다. 그래서 책은 인터넷 정보와 다른 것이지요. 빅데이터 자체에는 영혼이 없지만, 작가의 손을 거쳐 탄생한 책은 영혼이 있달까요?

앞에서 언급한 《1+1이 공짜가 아니라고?》는 이런 질문들에 대한 적절한 해답을 주고 있습니다. 경제 분야의 책이지만, 이전의 문법—용어를 설명하고 이해시키는 방식—을 따르지 않습니다. 이 책의 핵심은 어린이가 실생활에서 직접 체험하고 있는 현장에서 그 모티프를 얻고, 그곳에 숨겨진 경제의 비밀을 풀어내는 방식을 택한 데에 있습니다. 쿠폰 마케팅, 프랜차이즈의 판매 전략, 대형 마트의 비밀을 비롯해 감성을 파는 캐릭터 산업 등 10개의 차례로 구성되어 있는데, 차례에서 보듯이 어린이가 늘 마주치는 일상에서 만나는 경제 현장의 이야기들입니다. 이 내용들은 어린이가 자신이 직접 돈을 주고 물건을 사는 경제 행위의 진실에 직면토록 해 주고 있습니다. 단순히 교과서에 나오는 용어를 해설해 놓은 것과는 차별성이 분명하고, 또한 언제든 실생활에서 참고할 만한 내용들이지요. 뿐만 아니라 꼭지마다 전반부에서 전개되는 짤막한 동화(에듀테인먼트 스토리텔링)에서는 친구들과의 우정, 가족간의 화해 등, 인문학적 가치가 언급되고 있습니다. 즉 이 책은 경제 관련 정보 외에도 어린이 독자들이 성장하면서 가져야 하는 인간적 가치도 소중하게 다루고 있습니다. 흔한 말로, 정보와 재미라는 두 마리의 토끼를 다 잡은 격이라고 할까요? 그럼으로써 이 책은, 스스로 가치 창출을 하고 있으며 널리 읽힐 수 있는 여러 요소를 구비하고 있습니다.

그런 반면 수업 중에 제출된 아래와 같은 기획,《이야기로 배우는 바둑 격언》은 첫 번째 질문에 대한 대답이 애매합니다. 과연 이 책이 아이들에게 두루 필요한 책일까요, 라는 질문 앞에서 한참을 머뭇거려야 할 것입니다. 이 책의 독자는 매우 한정적일 것입니다.

제목	이야기로 배우는 바둑 격언
대상	초등학교 어린이
기획 의도	바둑 격언에는 바둑의 모든 원리가 담겨 있으며, 바둑에 임하는 자세, 바둑이 사람에게 주는 인생의 교훈 등 정신적인 메시지까지 스며 있다. 그러나 대부분 어려운 바둑 용어와 한자어들이 섞여 있어, 어린이에게는 고리타분하고 딱딱하게 느껴질 수 있다. 따라서 쉽고 재미있는 스토리텔링을 통해 바둑 격언 및 속담을 풀이하여 아이들이 바둑을 좀 더 친숙하고 흥미 있게 느끼고 바둑의 깊이와 묘미를 음미할 수 있도록 하고자 한다. 더불어 '바둑 격언만 알아도 1급'이라는 말이 있듯이, 아동의 바둑 기력 향상에도 도움을 줄 수 있는 바둑 에듀테인먼트로 구성하고자 한다.
목차	1. 재미있는 바둑 격언 · 속담 이야기 : 대표적인 바둑 격언 및 속담 50여 가지를 이야기로 풀어 본다. 2. 바둑 한자성어 : '위기오득'을 비롯한 바둑의 한자성어를 재미있게 풀어 낸다. 3. 바둑, 인생의 지혜를 담다 : 바둑의 십계명이라 불리는 '위기십결'을 재미있는 이야기로 꾸며 본다. 1) 부득탐승 2) 신물경속 3) 사소취대 4) 입계의완 5) 세고취화 6) 피강자보 7) 봉위수기 8) 공피고아 9) 기자쟁선 10) 동수상응
참고 도서	바둑격언 속담사전, 1998, 한국기원 / 이야기 우리 속담, 2005, 창작나무 / 우리 속담이야기 34가지 , 2005, 늘푸른아이들

바둑을 좋아하는 아이들, 그중에서도 책을 좋아하는 아이에 편중되지 않을까요? 뿐만 아니라 경쟁 도서를 검색해 보니 이미 이쪽 전문가들의 책이 다수 출판되어 있습니다. 경쟁력이 떨어질 확률이 큽니다. 무엇보다 대중성이라는 측면에서 1차적으로 위험 부담이 아주 크며, 시장성이 불투명합니다. 게다가 보통의 아이들에게 꼭 필요하다고 말하기 힘들어 보입니다.

또한 이 기획은 구태여 따지자면 '실용·취미'에 해당할 텐데, 분야 자체를 문제 삼을 수는 없지만, 어린이 논픽션에서 이 분야는 트렌드가 확고하지 않으면 자생력이 상당히 떨어집니다. 그런 측면에서 편집자는 고개를 갸우뚱거릴 것입니다.

두 번째 질문, 같은 분야의 다른 책들을 대표할 만한가요?

하늘 아래 새로운 것은 없다, 라는 말이 있습니다. 책도 마찬가지입니다. 성인 도서는 그 분야와 깊이에 구애받지 않고, 연구자나 볼 만한 깊이 있는 지식 서적부터 '19금' 도서와 다양한 실용 분야까지 끊임없이 출간됩니다. 반면에 어린이 논픽션은 깊이와 영역이 제한되어 있고, 그 범위 안에서 아이디어를 짜내야 합니다. 기획 단계부터 치열하다는 뜻이지요.

그 탓에 레어 아이템은 드물고 앞에서 말한 바와 같이 비슷한 영역 안의 경쟁이 심하지요. 과연 그런 유사 도서들 사이에서 우리가 쓴 책은 대표성을 가질 수 있을까요?

물론 대표성은 해당 분야의 최고를 의미하는 것은 아닙니다. 전문가 수준의 깊이 있는 지식을 담았는가 따위의 기준도 아니고 보다 많은 내용을 담은 것도 그 기준이 되지 않습니다. 실제로 이런 책들이 없지 않지만, 그 책들이 모두 잘 팔리는 것은 아닙니다. 무엇보다 대상 독자가 충분히 읽고 즐길 수 있는가, 하는 것이 중요합니다. 그러기 위해서는 그들의 눈높이에 맞아야 하고, 지나치거나 부족함이 없어야 합니다. 추상적인 말이긴 하지만 그걸 구체성으로 바꾸어 가는 것이 어린이 논픽션 작가가 궁극적으로 해야 할 일입니다.

대상 독자의 독서 성향을 파악하고, 교육 수준을 이해하며, 그에 알맞은 문체를 써 내는 것이 가장 먼저 필요합니다. 이 기준은 우리가 쓴 책을 대상 독자가 두루 읽을 수 있는 책으로 만들어 줄 것입니다. 즉 대표성은 '최고'를 의미하는 것이 아니라 대중성을 뜻하는 것이어야 합니다. 그 목표가 1차적으로 채워지고 난 뒤에 새로움을 추구해야 합니다.

이를테면 창작 동화와 소설은 개별 작가의 개성과 독창성에 따라 독자의 호불호가 갈리지만, 어린이 논픽션은 그 분야의 대중적 인지도와 평판이 성공 여부를 좌우합니다. 작가의 명성보다 내용의 적합성에 기반하는 대표성이 그림자 독자를 움직인다는 뜻이지요. 또한 이러한 대표성은, 직접 독자인 어린이들에게 '비슷한 책들은 많지만, (그래도) 다른 책보다 먼저 읽어 봐야 할 책'으로 인지됩니다.

세 번째 질문, 내가 쓴 책은 얼마나 오래 갈까요?

물론 작가라면 누구나 자신의 책이 오랫동안 시장에 남아서 팔리기를 원할 것입니다. 누구나 생명력이 긴 책을 쓰기를 바라지요. 그러나 안타깝게도 스테디셀러 약간을 제외한 책 상당수는, 시간이 지날수록 독자에게 잊히고 몇 년이 지나면 자연스럽게 품절이 되고 절판이 되어 더는 찾을 수 없게 되지요. 사실 그렇기에 작가는 끊임없이 다음 작품을 생산해 내야 합니다.

그러나 10년 동안 꾸준히 팔리지는 않더라도 최소한의 생명 연장은 해야 하지 않을까요? '생명 연장의 꿈'은 앞에서 말한 첫 번째 질문에 있습니다. 그런 책들이 필요성과 지속성을 담보해 주지요. 다만 피해야 할 것은 분명히 있습니다.

단명하는 책 중 하나는 이벤트성 기획입니다. 가장 대표적인 것이 여름이면 등장하는 귀신 이야기를 담은 책입니다. 혹자는 다음 해 여름에 다시 내놓으면 되지 않겠느냐고 말하겠지만, 그때는 더 새로운 책이 나오지 않을까요?

축구 선수 박지성이 활약할 당시, 그와 관련한 수많은 책이 쏟아져 나왔습니다. 그러나 그 책은 박지성 선수가 현역일 때만, 그것도 축구를 좋아하는 아이들에게만 유효한 책입니다. 물론 짧은 기간 동안에라도 많이 팔려서 출판사에 경제적 도움을 주면 더할 나위 없지만, 책으로서의 가치는 얼마나 오래갈지 알 수 없는 일입니다.

또한 '막차를 탄다'는 말이 있듯이, 아무리 트렌드를 쫓는다고 해도 이미 경쟁 도서가 수도 없이 많은 분야에 함부로 뛰어들지 말아야 합니다. 따라하기는 쉽지만 그렇게 해서 만들어진 책은 웬만큼 새롭지 않고는 이미 다른 작가들이 선점한 시장에 진입하기 힘들 것입니다. 그런 일들이 2017년부터 지금까지 어린이 역사책 시장에서 벌어지고 있습니다. 수없이 많은 종류의 통사가 나왔고, 아직도 출간되고 있습니다.

너무 오래된 주제─흔히 '올드하다' 라고 표현하지요─는 기획은 쉬워도 신인 작가의 무덤입니다. 옛날이야기, 위인전 같은 것들입니다. 경쟁 도서가 많고, 어린이가 유아 때부터 보던 것이라, 흥미를 끌기가 쉽지 않습니다. 특히 이러한 분야는 소재 자체가 유동성이 없어서 어떻게 기획해도 변형도가 낮고, 이른바 '거기서 거기'처럼 보일 가능성이 큽니다.

가령 아래와 같은 기획서의 경우를 타산지석으로 삼으면 어떨까요? 수업 중에 제출된 또 다른 기획서,《이모가 들려주는 국보 속 역사 이야기》는 한국의 국보를 소개한다는 측면에서 단일한 주제에 여러 가지의 콘텐츠를 모았습니다. 이런 측면에서 기획의 1단계는 충족했다고 생각할 수 있습니다. 하지만 국보에 대한 이야기는 너무나 많은 책이 출간되어 있고, 포털 사이트의 간단한 검색으로 쉽게 접근할 수 있습니다. 그리고 그 이상의 정보가 독자에게 구태여 필요할 것 같지도 않습니다. 뿐만 아니라 차례에 있는 문화재의 대표성은 어디서 오는 걸까요? 그 기준이 명확하지 않습니다.

제목	이모가 들려주는 국보 속 역사 이야기 - 건축편
기획 의도	국보. 우리나라를 대표하는 국보는 역사, 학술, 예술, 기술적 가치가 큰 문화재로 문화재 위원회가 심의를 거쳐 지정한 문화재다. 현재 300여 개가 넘는 국보가 있지만 우리는 국보에 대해 얼마나 알고 있을까? 그간의 교육과정을 통해서 우리는 그저 1호, 2호, 3호가 무엇인지 그저 암기하기에 급급했다. 필자는 우리나라 국보는 우리의 역사를 고스란히 담고 있는 할 말 많은 이야기꾼이라고 생각한다. 이 책은 국보에 대한 기존의 접근 방식에서 벗어나 국보를 건축, 탑, 문서 등의 종류별로 카테고리를 분류해 각각의 국보 이야기꾼들이 담고 있는 재간 넘치는 스토리에 귀를 기울이고자 한다. 첫 번째 이야기로는 건축에 대한 이야기를 통해 건축을 통해 알 수 있는 역사 이야기와 그 당시의 건축에 숨겨진 비밀들을 풀어내고자 한다.
교과 관련	• 역사 교과와 연계 가능 각 건축물이 고려 시대와 조선 시대를 거쳐 건축된 것이기에 역사 이야기와 함께 진행하는 것이 가능하다.
목차	1. 숭례문 2. 봉정사 극락전 (고려) 3. 부석사 무량수전 (고려) 4. 수덕사 대웅전 (고려) 5. 법주사 팔상전 (조선) 6. 금산사 미륵전 (조선) 7. 화엄사 각황전 (조선) – 순서는 다음과 같이 진행되나 각각의 건축물에 담긴 이야기에 따라 좀 더 흥미를 줄 수 있는 제목으로 교체할 예정
콘셉트	1. 조카와 함께 여행을 떠나는 이모가 들려주는 이야기 형식. 2. 국보의 위치를 표시한 우리나라 지도를 함께 실어 이해를 높인다.
내용	조카와 함께 국보 여행을 떠나는 이모가 들려주는 이야기로 국보에 대한 해설과 그 시대에 얽힌 역사 이야기를 풀어서 설명하고자 한다.
관련 도서	나라의 자랑 국보 이야기 (11) 국보와 보물 이야기 (09) 흥미로운 국보 여행 (92) – 위의 책의 경우 국보와 보물을 카테고리 구분 없이 총체적으로 다루고 있는 특징이 있다.
참고 도서	(성인 도서) 대한민국의 국보 / 유홍준의 국보순례 / 한국의 국보

한 가지만 사족한다면, 이처럼 유사 도서가 많고, 포털 사이트에서 검색하기 쉬운 콘텐츠를 담고 있는 책의 기획은 무엇보다 작가의 창작 방법론이 중요시됩니다. 같은 내용이라도 색다르게 담아낼 수 있다면 좋은 책이 될 수도 있다는 뜻입니다. 그런데 이 기획에는 그런 내용은 담겨 있지 않기 때문에 더더욱 안이한 기획으로 판단할 수밖에 없습니다.

또한 높은 직업적 숙련도를 요구하는 기획도 피해야 합니다. 이를테면 도자기를 한 번도 빚어 본 적이 없는 사람이, 아무리 도예에 관심이 있더라도 '도자기 굽는 법'에 관한 책을 욕심내는 것은 무리입니다. 자녀를 한두 명 키워 본 경험으로 '아이들의 심리에 따른 성격 유형'과 같은 책을 내려는 것은 무모한 도전일 수 있습니다. 이러한 책은 후천적으로 공부한 뒤에 책을 내더라도 저자가 해당 직업에 대한 전문성이 없다고 판단될 경우 시장에서 외면받을 수 있습니다.

시장에서 보다 오래 사랑받는 책의 지름길은 '지금(책을 출판할 당시) 가장 새로운 것'을 목표로 해야 한다는 것입니다.

네 번째 질문, 내 책은 뭐가 다른가요?

기획서를 들고 출판사를 찾아가면 편집자는 대뜸 '이전에 나온 책과 어떤 차이가 있는지'를 묻습니다. "이런 책은 이미 나온 것들이 있는데, 무엇이 다르기에 이 책을 내야 한다는 거죠?"라고 묻고 있는 것입니다. 이는 작가의 창의성과 직결되는 문제입니다.

하지만 몇 번을 말했듯, 하늘 아래 새로운 책은 없습니다. 이 말을 다시 해석하면 (정말로 레어 아이템이 아니라면 상당수는) 그 어떤 창의적인 아이디어도 기반 지식에서 출발한다는 뜻입니다. 즉 지금 우리에게 필요한 것은 지금까지 없었던 전혀 새로운 것을 찾아내는 것이 아니라 간단한 차별성을 통해서 개성을 만들어 내는 것입니다.

우선 내가 쓰려는 책이 자주 보아 오던 것인가, 천편일률적은 아닌가, 식상하지 않은가, 스스로에게 냉혹하게 물어보세요. 이 질문은 자신의 책이 창의적인지 아닌지를 확인하는 가장 기초적인 질문입니다. 위에서 언급한 《이모가 들려주는 국보 속 역사 이야기》는 이런 질문 앞에 매우 취약할 것입니다.

그다음에는 정보를 어떻게 다루고 있는가에 대해서 나에게 물어야 합니다. 다른 책들보다 양질의 정보를 많이 다루고 있는지, 이전과는 다른 시각에서 접근하고 있는지, 경쟁 도서에는 없는 정보가 들어 있는지, 등등을 살펴봐야 합니다.

그리고 쓰기 방식이 남다른가에 관하여도 스스로에게 문답을 해 봐야 합니다. 앞에서도 말했듯이 어린이 논픽션 작가가 되려면 다양한 쓰기 방식을 알아두는 것이 좋습니다. 내용과 독자층에 따라 그에 알맞는 글쓰기 방식이 있을 뿐만 아니라, 더 극대화된 효과를 얻을 수도 있기 때문입니다.

정서적 측면에서는 약간 아쉬움이 남기는 하지만, 《한국사 편지》(책과함께어린이, 2009)는 역사를 아이에게 차분히 들려주는 형식을 취함으로써 역사는 공부하기 어려운 것이라는 부담을 한층 덜어 낼 수 있었지요. 《교양 있는 우리 아이를 위한 세계사 이야기》(꼬마이실, 2004)의 경우도 번역서이긴 하지만 역시 같은 방식으로 큰 인기를 끌었습니다. 그런가 하면 《용선생 한국사》(사회평론, 2016)는 어린이 통사를 캐릭터가 등장하여 이끄는 방식으로 접근하여 역사책 시장에 큰 반향을 불러일으켰습니다.

구성 요소들이 다채로운가는 어떤가요? 어린이책의 상당수는 본문과 정보 페이지로 나뉘어 있습니다. 이런 부분들을 어떻게 활용할지 생각해 보세요. 정보 페이지 하나를 웹툰 형식으로 구성한다든가, 장마다 퀴즈를 넣는다든가 하는 방법들이지요.

《처음 배우는 3·1운동과 임시 정부》는 이에 대해 아주 적절한 예가 될 것입니다.

이 책은 각 꼭지마다 도입부가 있습니다. 이 부분에서는 뒤에 전개될 내용을 압축하여 만화적으로 꾸몄습니다. 그리고 본문이 끝나면 어린이 독자들이 좋아하는 유튜브 형식, 메신저 형식으로 본문에서 다하지 못한 구체적인 정보를 주고 있습니다. 그다음 페이지는 특집을 구성하여 해당 꼭지에서 중심이 되는 인물 정보를 들려줍니다.

말하자면 이 책의 특장점은 그림을 최대한 활용했을 뿐만 아니라, 앞서 말한 것처럼 각 꼭지(도입-본문-정보1-정보2-정보3 등)의 구성 요소들을 다채롭게 전개하여 볼 것이 많도록 하여 흥미를 끌었습니다. 비슷한 시기에 나온 같은 주제의 책보다 훨씬 경쾌하게 보이는 것이 사실입니다.

3·1 운동이 일어나기 전, 세계에는 어떤 일이 일어났을까?

나라를 강제로 빼앗긴 지 10년, 조선은 어떻게 변했을까?

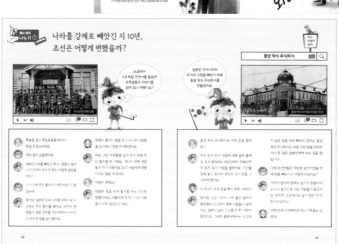

남달리의 역사 수업

독립운동가를 변호한 후세 다쓰지

후세 다쓰지는 도쿄의 메이지 대학 법학과를 졸업한 뒤, 힘없는 민중을 돕는 인권 변호사가 되고 싶었어. 후세 다쓰지는 일본의 지배 아래 조선에 관심이 많았어. 마침 1919년 도쿄에서 조선인 유학생들의 2·8 독립 선언이 있었어.

후세 다쓰지는 이 사건으로 체포된 학생들의 무료 변호를 맡았어.

최원들을 비롯하여 여러 유학생들이 후세 다쓰지에게 무료로 변론을 받을 수 있었어.

대한민국 정부는 후세 다쓰지가 대한민국의 독립을 위해 노력한 공로를 기려 2004년 건국 훈장 애족장을 수여했어.

후세 다쓰지는 일제 강점기 동안 수많은 독립운동가와 조선 민중을 변호해 주면서, 일본의 양심을 보여 준 용기 있는 사람이었어. 후세 다쓰지가 죽은 뒤 묘비에는 그의 좌우명이 새겨졌어.

살아서 민중과 함께, 죽어서 민중을 위하여!

건국 훈장 애족장

역사 인물 탐구하기

임시 정부의 첫 여성 의원 김마리아

2·8 독립 선언의 기운이 아직까지 워해서는 누군가 국내에 도쿄의 상황을 알려야 했어요. 마침 조선 유학생들에 대한 일본 경찰들의 감시가 날이 갈수록 심해졌어요. 그때 김마리아가 나섰어요. 한 달밖에 남지 않은 졸업을 포기하고 부산으로 가는 배를 탔지요.

김마리아는 여성 독립운동 단체를 만들어 대한민국 임시 정부를 도왔어요.

민족 대표 33인은 어떻게 위원을까?

물론 이런 부분들은 이미 출판사의 편집자가 계속 고민 중이긴 합니다. 이때 중요한 건, 자신이 집필하려는 분야의 도서 말고 다른 분야의 도서도 적극 참고해야 한다는 점입니다. 아무래도 같은 분야 안에서는 생각이 비슷할 테니까요. 그 때문에 교차 독서가 필요한 것이지요.

앞에서도 말했지만, 어린이책은 분석해야 할 텍스트가 언어(문자)만이 아닙니다. 기획하고 있는 책의 성격과 특성에 따라 과감한 편집 형태를 제안할 수도 있고, 색다른 그림을 그리는 일러스트레이터와 협업을 할 수도 있겠지요. 2018년부터 베스트셀러 대열에 올라 있는 〈코드 네임〉 시리즈(시공주니어, 2017)는 독특한 그림체로 아이들을 열광시켰습니다. 〈노빈손〉 시리즈(뜨인돌, 2008) 역시 좌충우돌하는 캐릭터의 활약 덕분에 더욱 인기를 누렸지요.

이런 부분들을 모두 고려해도, 내 책이 정말 다른지 다시 한번 점검해 보아야 합니다.

다섯 번째 질문, 그 책은 지금 꼭 필요한가요?

베스트셀러를 결정짓는 요인 중 하나가 '타이밍'입니다. 하필 그 책이 필요할 때, 그 자리에 있었던 것이지요. 그러므로 작가는 '이 책이 바로 지금—정확히는 집필과 제작 기간을 감안한다면, 1년 안팎의 시간 뒤에—반드시 필요하다'는 사실을 스스로 증명해야 합니다. 이것은 편집자를 설득하는 가장 좋은 방법이기도 하지요. 당장 필요해 보이는 원고를 출판사가 마다할 리 없기 때문입니다.

그래서 편집자는 시의성도 꼼꼼하게 살펴봅니다. 되짚어 보면, 4차 산업혁명은 10년 전에도 언급되었고 이와 관련해 SF 소설은 더 이전부터 출판되었습니다. 그러나 그때는 전혀 인기를 끌지 못했고, 4차 산업혁명이 본격적으로 일반 사람들 사이에서도 회자되면서 주목받기 시작했습니다. 여기에 더하여 기업들이 경쟁적으로 자율 주행 자동차를 선보이고, 드론과 VR 기술이 발전하면서, 2~3년 전부터 폭발적인 인기를 끌기 시작했습니다. 그것이 더는 먼 미래의 일이 아니라, 가까운 미래에 가능할 것이라 예측되면서 현실적 기반이 된 것이지요. 그럼으로써 논픽션 책은 물론, 창작 동화 분야에서까지 SF가 빠르게 확산되고 있고, 앞으로도 인기를 끌 것입니다.

지구 온난화 같은 주제는 어떨까요? 물론 지구 온난화는 지금도 현재 진행형인 주제입니다. 그러나 이 주제가 본격적으로 논의되기 시작한 것은 10년이 넘었고, 이미 다양한 책이 출간되었기에 소재를 다루는 방식은 진화되어야 합니다. 이전까지 지구 온난화 문제는 화석 연료의 과다 사용, 해수면 상승의 문제, 탄소 발자국, 지구를 지키는 방법 등에 초점이 맞추어져 다루어졌고 그 이후에는 신재생 에너지 문제 등에 초점을 맞추었습니다. 처음에는 문제를 제시하는 방법으로 접근했고, 지금은 대안을 제시하는 방법으로 접근하고 있습니다. 지구 온난화의 문제는, 지금은 정공법으로 다루면 식상한 기획이 되고 만다는 뜻입니다.

《꼬마 철새 딱딱이의 위험한 지구 여행》(종이책, 2014)은 일 년에 지구를 한 바퀴 도는 북방사막딱새가 지구 곳곳을 돌아다니며, 온갖 종류의 자연재해를 경험한다는 이야기입니다. 쓰레기통을 뒤지는 북극곰을 만나기도 하고, 방글라데시에서 잦은 홍수로 집을 잃은 아이도 만납니다. 폭설이 내리는 지중해도 찾아가고, 만년설이 녹고 있는 킬리만자로에 들르기도 합니다. 물론 이 재난들은 모두 인간의 탐욕이 부른 것이고, 지구 온난화의 문제를 꼬집고 있습니다. 이런 접근 방법은 새로웠지만 단순한 알려 주기식 서술이어서 아쉬움이 많이 남았습니다.

이를테면 '타이밍'은 주도면밀한 시장분석이 일차적인 관건입니다. 그것이 미래 예측의 기본적인 데이터가 될 것이기 때문입니다. 어린이 논픽션 작가가 가져야 할 덕목 중, 마케터의 마인드를 꾸준히 확장시키면 최대한 근접치에 다다를 수 있습니다.

여섯 번째, 논픽션도 재미있어야 할까요?

알려 주는 방식에서 함께 고민하는 방식으로

앞에서 잠깐 언급한 《내일을 바꾸는 사회 참여》는 어린이들이 민주주의에 직접 참여하는 방식에 대한 작품이다. 사회 참여는 왜 해야 하는지, 그 주제는 어떻게 정하는 게 좋은지, 또한 사회 참여의 방법에는 어떤 것들이 있는지 등등의 정보를 '문제 제기를 하는 스토리텔링–해당 주제(소제목)에 대한 다양한 예'–의 순서로 전달하며, 그럼으로써 사회 참여가 어른이 아닌, 어린이도 할 수 있는 것이며 해야 한다는 메시지를 전달한다.

문학 개론에서는 쾌락성과 교육성을 문학의 가장 중요한 기능 혹은 역할로 내세우고 있습니다. 그런데 어린이책에서 유독 교육성을 더 강조하는 까닭은 여전히 어린이를 교화의 대상으로 여기고 있기 때문이지요. 아예 그것을 문학성의 척도로 내세우기도 합니다. 이처럼 문학 작품(동화)에서도 교육적 기능을 강조하는데, 논픽션에서는 더 말할 나위가 없겠지요?

그럼에도 불구하고 논픽션은 충분히 재미있어야 합니다. 흔히 교양서라 불리는 어린이 논픽션이 재미를 포기하고 오로지 정보의 전달(교육적 기능)에만 몰입한다면, 과연 어린이 독자가 교과서와 참고서를 두고 논픽션을 보아야 할 이유가 있을까요?

그렇다면 재미는 어디에서 올까요? 우선 새로운 것에서 오겠지요. 내(독자)가 알지 못하는 것에 대한 관심은 누구에게나 있는 것이고, 무엇보다 아이는 그렇게 해서 얻은 지식을 다른 아이에게 이야기하고 싶어 합니다.

그러나 내용은 독자가 이해할 만한 수준이어야 합니다. 새롭긴 한데 어려워서 이해가 안 된다면, 그 콘텐츠는 새로운 게 아니라 '어려운 것'이 되고 말지요. 그리고 어려운 책은 어린이 독자에게는 나쁜 책입니다. 한때 '상위 3%만 보는…….', 'SKY에 가는 학생들이 보는…….'이라는 식의 제목을 달고 나온 책들이 있었습니다. 물론 담긴 내용은 이전까지 어린이 논픽션에 없던 것투성이였지만, 보통의 어린이 독자가 이해할 만한 수준의 것은 아니었습니다. 이런 책들은 그림자 독자(부모)의 지적 허

영심만 자극할 뿐, 그리 좋은 기획의 예라 보기에는 힘들 것입니다.

그렇다고 항상 새로운 것만이 재미를 담보하지는 않습니다. 이미 알고 있던 것이라도 새로운 시각에서 접근하거나 이전과는 다른 방법으로 보여 주면 색다른 재미를 줄 수 있습니다.

이를테면 융합 기획이 좋은 예라 할 수 있습니다.《식탁 위의 세계사》(창비, 2012) 같은 책은 음식과 그에 얽힌 역사의 한 단면을 보여 줌으로써 음식에 대한 관심도 높였고, 모르던 역사를 음식과 함께 풀어놓음으로써 역사에도 일부분 관심을 갖게 했습니다. 서술 방법과 문장이 어린이 독자에게 다소 어려운 게 흠이지만, 아이디어는 돋보였습니다.

새로운 것이든 아니든 중요한 것은, 그 어떤 것이라도 독자 수준에 맞는 언어로 이야기되어야 한다는 점입니다. 좋은 책에 대해서 '술술 재미있게 잘 읽힌다'는 표현을 종종 하는데, 바로 그것입니다. 전달 방법이 달라졌다고 어려운 단어를 쓰거나 문장 구조가 복잡해지면 모든 노력이 허사가 될 수 있습니다.

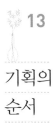

13

기획의
순서

기획에서 무엇보다 중요한 것은 아이디어를 떠올린 그 순간부터 샘플 원고를 쓰기까지에 관한 프로세스를 이해해야 한다는 점입니다. 그 프로세스는 어떤 글을 쓰더라도 반복적으로 이루어져야 합니다. 이것은 어린이 논픽션 작가의 '몸을 만드는 일', 혹은 '기초 체력을 다지는 일'입니다.

자신의 기획에 대해, 출간의 가능성을 포함해 그것이 얼마나 좋고 나쁜지, 혹은 부족한 점이 무엇인지를 판단할 수 있는 사람은 자기 자신밖에 없습니다. 그 때문에 작가는 비교 대상이 될 만한 자료를 될 수 있는 한 많이 축적해 놓아야 한다고 거듭 강조했지요. 그래서 아이디어를 떠올렸다면, 가장 먼저 해야 할 일은 그 아이디어를 발전시키기 위해서 책상머리에 앉아 머리를 쥐어뜯으며 브레인스토밍을 할 게 아니라, 서점

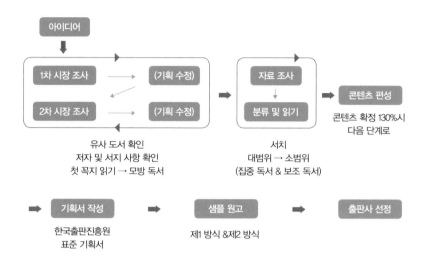

으로 달려가는 일입니다. 그곳에서 기성 작가들이 쓴 책을 통해 벤치마킹을 하다 보면 브레인스토밍은 자연스럽게 일어납니다.

갓 태어난 아이디어는 수많은 비교 대상을 통해 수정될 것입니다. 비교만 해도 단점이 발견될 것이며, 좋은 점은 받아들이게 됩니다. 연습삼아 모방을 해 보는 것도 괜찮습니다. 프로세스를 이해하는 것이 중요하니까요. 추상적인 생각에 불과했던 아이디어가 구체성을 띄어 가는 과정을 직접 목격하는 것은, 작가에게는 소중한 경험이기 때문입니다. 이때 구체성이란 목차가 확립되면서 무엇을 어떻게 써야 할지 보다 분명해지는 것을 말합니다.

그런 다음에 보다 적확한 자료 조사와 읽기가 가능해질 것입니다.

논픽션은 기존의 자료를 바탕으로 하기 때문에 작가는 자신이 쓰려는 주제와 최대한 일치하는 자료를 확보해야 합니다. 이를 위해서도 시장 조사를 통한 기획의 구체성 확립은 필수입니다. 그렇지 않으면 필요하지도 않은 자료까지 보게 될 확률이 높아지고 효율성은 현저하게 떨어지게 됩니다.

자료가 확보되면, 집중 독서부터 시작하여 모방 독서와 보조 독서를 꾸준히 진행합니다. 그러면서 목차를 확정해야 합니다. 이때, 목차는 최종 목표의 130% 수준으로 배열합니다. 콘텐츠 10개를 쓰기로 마음먹었다면, 3개를 더하여 모두 13개의 차례 구성을 확정하라는 뜻입니다. 왜냐하면 보통 차례는 자료를 완독하기 전에 확정하는데, 각 콘텐츠마다 자료가 충분하지 않을 경우가 있기 때문입니다. 또한 편집자의 수정 논의에도 대비하기 위해서 130% 원칙은 지키는 게 좋습니다.

콘텐츠를 마련했다면, 기획서를 쓰는 일이 남았습니다. 그런데 뜻밖에도 작가는 기획서를 쓰는 일에 소홀한 편입니다. 기획서는 자신이 쓰려는 책의 로드맵이며, 출판사에 자신의 집필 의지를 확인시키는 일이기도 합니다. 기획서는 해당 주세에 대한 지배력을 의미하므로 기획서에 따라 편집자의 신뢰를 얻을 수도 있고, 반려의 빌미를 제공할 수도 있습니다.

아래의 출간 기획안은 《1+1이 공짜가 아니라고?》(개암나무, 2018)의 최초 기획서입니다. 이 기획서의 목차는 모두 15개로 배열되어 있고, 출간된 책에는 10개로 확정되었습니다. 여기에는 전술한 것처럼 자료가 부족하거나 전체와 결이 맞지 않는 부분이 배제되었습니다. 이 기획안을 가지고 최종적으로 편집자와의 논의 과정에서 보다 실감나면서 독자 접근성이 충실한 것들을 선택한 결과물이 바로 출간된 책입니다.

체크리스트 ⓲

예비 작가의 조급증

작가가 되려 하는 수강생 중 상당수는, 어느 시점에서 반드시 한계에 부딪친다. 당연히 마음먹은 대로 되지 않아서이다. 이때 수강생 대부분은 "나는 재능이 없나 봐요"라거나, "어차피 책으로 나오지도 못할 걸 계속 고치고 끝까지 써서 뭐하겠어요"라는 반응을 보인다. 아무리 좋은 선생에게 배워도 작가 지망생에게는 절대적 시간과 충분한 연습량이 필요하다. 자신이 지금 하고 있는 모든 습작이 책으로 나오기를 바라는 것은 오만이며, 정말 그렇게 생각한다면 작가의 길을 포기하는 게 맞다. 한두 권 분량의 습작으로 자신의 책이 세상에 나오기를 바란다면, 그냥 자비 출판을 하는 게 맞다.

	출간 기획안
도서 제목(가제)	열 살에 배운 경제 백 살 간다
저자명	이정주
기획 의도	이 책은 가정, 학교 등 일상생활에서 일어나는 경제 활동을 쉽고 재미있게 소개한다. 눈에 보이지는 않지만 우리의 생활은 경제 활동과 깊이 연관되어 있다는 것을 알려 주어 경제 활동에 대한 감각을 키워 준다. 경제 활동이 이루어지고 있는 현장을 스토리텔링 형태로 보여 주어 문제 상황을 제시하고, 합리적인 경제적 선택의 답을 찾아간다. 경제 사이클을 이해하고, 경제에 대한 바른 가치관과 균형 잡힌 사고력을 갖도록 한다.
대상 독자층	초등학교 2학년~6학년
특징 및 차별성	• 쉽고 친근한 스토리텔링 : 일상생활에서 자주 겪는 경제 상황을 스토리텔링을 통해 이해하면서 경제의 개념을 깨닫도록 한다. • 초등 사회 교과서와 연계한 내용 : 초등 3학년부터 배우는 사회 교과서의 내용과 관련된 주제로 교과 과정의 이해를 높인다. • 합리적인 경제 활동에 대한 가이드 제시 : 가정의 경제 활동, 사회의 경제 활동을 이해하는 동시에 합리적인 경제 활동에 대한 가이드를 제시한다. • 현실적인 경제 지식 제공 : 현재 일상에서 가장 많이 쓰이는 실질적인 경제 상황을 다뤄 생동감 있고, 현실적인 경제 지식을 전한다.
마케팅 계획	*어린이 경제 교실 : 선택이 필요한 경제 상황을 제시하고 그에 가장 적절하고 합리적인 안을 제시한 어린이를 선발하는 독후감 대회를 온라인 서점 사이트에 제안한 뒤 공동 마케팅 실시
전자책 발간	*e-book으로 제작하여 사회 과목의 보조 교재로 사용 가능
융합 콘텐츠 확장 계획	*찾아라, 맛있는 경제 : 어린이를 위한 경제 퀴즈 어플리케이션 개발 *스토리텔링의 내용을 만화로 구성한 웹툰 개발
목차	1. 쿠폰 내 사랑 : 쿠폰 2. 내게는 너무 멋진 운동화 : 브랜드 3. 사랑에도 가격이 있나요? : 아이돌 그룹 4. 광고로 채운 집 : 광고 5. 분홍 나라의 앨리스 : 캐릭터 6. 야구장에서 숨은 그림 찾기 : 스포츠 마케팅 7. 날아라 치킨 : 프랜차이즈 8. 마트 보이 : 대형 마트

목차	
내용	Ⅰ. 줄거리 **1. 쿠폰 내 사랑 : 쿠폰** 새로 생긴 문구점 이벤트에 참여하기 위해 필요하지 않은 물건을 사고, 친구에게 돈까지 빌려 물건을 사서 쿠폰을 채우는 주인공을 통해 쿠폰의 경제적 의미를 알려 준다. **2. 내게는 너무 멋진 운동화 : 브랜드** 브랜드 운동화를 신고 싶어 하는 주인공. 엄마는 운동화는 소비재라며 저렴한 것을 사 준다. 새 운동화가 마음에 들지 않던 주인공은 의류 수거함에서 우연히 운동화를 줍게 된다. 이 사건을 통해 브랜드의 이미지와 브랜드 가치, 브랜드의 역할을 설명한다. **3. 사랑에도 가격이 있나요? : 아이돌 그룹** 아이돌 그룹 멤버를 좋아하는 주인공은 오빠들의 스케줄에 맞춰 공항이나 촬영장을 쫓아다닌다. 소속 회사에서 판매하는 아이돌 관련 물품 '굿즈'는 아무리 비싸도 사고야 만다. 아이돌 그룹은 자체가 상품이며, 끊임없이 팬들의 소비를 유도하고 있음을 알려 준다. **4. 광고로 채운 집 : 광고** 광고하는 제품은 무엇이든 좋은 제품이라고 믿는 주인공. 새로운 광고 제품이 나오면 그것을 꼭 사야만 한다고 생각하는 주인공을 통해 광고의 비용 구조, 효과, 광고의 내용을 선별하는 방법을 알려 준다. **5. 분홍 나라의 앨리스 : 캐릭터** 캐릭터를 너무나 좋아하는 주인공은 방 안을 전부 캐릭터로 꾸미고, 보이는 곳마다 캐릭터 스티커를 붙인다. 캐릭터 상품에 쉽게 현혹되는 주인공을 보여 주어 캐릭터의 경제적 가치, 캐릭터 산업의 특성을 일깨워 준다. **6. 야구장에서 숨은 그림 찾기 : 스포츠 마케팅** 프로야구를 좋아하는 주인공과 아빠는 시간이 날 때마다 야구장을 찾는다. 국가 대표 강타한 선수는 이번에 미국 메이저리그에 입단했다. 이 때문에 미국 TV 시청률이 올라갔다. 주인공이 좋아하는 프로야구, 프로축구 경기 뒤에 숨은 마케팅 전쟁을 통해 스포츠 산업과 경제 활동의 개념을 인식시킨다.

7. 날아라 치킨 : 프랜차이즈

주인공의 아빠는 시장에서 치킨 가게를 한다. 엄마도 처음에는 집에 있었지만 아빠의 일을 돕느라 온종일 나가 있다. 어느 날 바로 옆에 대기업 프랜차이즈 치킨집이 생긴다. 가게도 화려하고 날마다 이벤트가 열린다. 치킨집에서 벌어지는 사건을 통해 프랜차이즈의 특성을 설명한다.

8. 마트 보이 : 대형 마트

대형 마트에 간 주인공은 늘 먹던 A사의 카레를 사려고 했는데, 옆에 있는 B사의 제품은 2+1 행사를 하고 있다. C사의 제품을 사면 물병을 선물로 준다고 한다. 대형 마트에서 이루어지는 경제 활동을 통해 기업 활동과 소비자의 선택과 관련한 경제 지식을 알려 준다.

9. 둘마트에 없는 것 : 생활협동조합

주인공의 엄마는 드림생활협동조합에서 장을 본다. 회원 할인이 되기 때문이다. 매달 회비를 내는 대신 물건 값을 할인해 주어 더 이익이라고 한다. 유통비를 줄이고 생산자와 소비자 모두에게 이로운 회원제 판매와 경제 활동의 대안으로 자리 잡은 생활협동조합의 경제적 관점에 대해 알아본다.

10. 친절한 쇼호스트의 메아리 : 홈쇼핑

홈쇼핑 쇼호스트가 마감, 매진 임박이라고 말하면 점점 빨리 전화를 돌려야 할 것 같은 압박이 생긴다. 홈쇼핑은 왜 이렇게 싼 걸까? 사람의 허점과 싼 가격에 현혹되는 소비자 심리를 이용해 판매를 부추기는 홈쇼핑을 통해 과다한 소비를 지양하고 경제 활동에서 자기 제어의 중요성을 알려 준다.

11. 우리 엄마 주식회사 : 아르바이트

지금까지 비행기를 한 번도 타 본 적이 없는 주인공은 해외여행 경험을 이야기하는 친구들 사이에서 할 말이 없다. 엄마에게 비행기를 타고 여행을 가자고 졸랐더니 엄마는 주인공이 비행기값을 직접 벌면 여행을 가겠다고 약속한다. 공부하는 시간을 줄여 돈을 벌 수 있는 방법을 찾는 주인공의 생활을 통해 현재가치와 기회비용의 개념을 일깨운다.

12. 아빠에게 가는 길 : 실업

조선 회사에 다니던 주인공의 아빠가 명예퇴직을 했다. 아빠가 직장을 잃으면서 논술 학원, 피아노 학원을 그만두고, 주인공이 좋아하는 로봇 교실도 끊게 되었다. 아빠의 실업으로 주인공이 겪게 되는 일상을 보여 주어 실업의 원인과 실업으로 인한 변화를 설명한다.

13. 은행이 빼앗아 간 내 방 : 은행

대출 이자 내는 것이 너무 부담스러운 엄마는 아빠와 갈등 끝에 집을 팔고 작은 집으로 이사를 가기로 한다. 대신 은행 대출을 다 갚겠다는 계획이다. 졸지에 자기 방을 잃게 된 주인공. 은행은 돈 맡기는 곳 아니었나? 은행이 하는 일, 한국은행과 시중은행, 저축은행 등 은행의 기능과 역할을 통해 경제 활동의 순환 구조를 보여 준다.

내용

내용	**14. 돈가스 학교, 불고기 교실 : 무상급식** 공부에 흥미가 없는 주인공은 급식을 먹는 것이 학교에 가는 유일한 이유다. 학교에 가서 제일 먼저 확인하는 것도 점심 식단표다. 그런 주인공에게 위기가 닥친다. 학교 급식실에 불이 나서 한 달 동안 급식을 먹을 수 없게 된 것이다. 학교 급식을 통해 세금의 쓰임, 보편적 복지에 대한 개념을 설명한다. **15. 우리 집 자동차는 옆집에 주차 중 : 공유 경제** 주인공의 아빠는 자동차를 팔고, 마을 공동의 그린카를 신청해 필요할 때만 자 동차를 이용한다. 할머니가 아픈 기간 동안 사용할 의료용 침대도 공유 경제를 통해 빌려서 사용했다. 주인공은 자동차가 없어서 걸어 다녀야 하는 상황을 겪 으며 처음에는 불만을 가졌지만 곧 공유 경제의 합리성을 알게 된다. **Ⅱ. 형 식** 전체를 15개 장으로 구성하고 각각에는 내용에 맞는 주인공이 등장한다. 주인 공이 일상생활에서 겪는 현실적인 에피소드로 상황을 보여 준다. '함께 생각해 보아요'는 주인공의 행동을 되돌아보면서 문제점을 토론할 주제 를 제시한다. '경제를 배워요'에서는 질문과 대답 형식으로 앞의 에피소드에 있었던 문제를 리뷰하면서 경제 상식과 문제 해결에 필요한 정보를 제공한다.		
원고 분량	**총 예상 분량**	총 180쪽 (200자 원고지 450 매)	
	현재 완성 분량	원고지 60매	
샘플 원고 유무	있음 (1. 쿠폰, 12 실업)		

    제목은 어린이 논픽션이므로 내용을 명료하게 압축한 것이 좋습니다. 연구서나 논문처럼 딱딱하게 짓는 것도 안 될 일이지만, 아이들 책이라고 너무 긴 서술형 제목은 금물입니다. 서술형이어도 문장 안에 책의 특성을 어필할 수 있는 주제 단어가 포함되는 것이 좋습니다. 나중에라도 검색어에 의해 상단에 노출될 수 있도록 하기 위함입니다. 오프라인보다 온라인 서점 구매가 더 많아지는 요즘에는 반드시 필요한 일입니다.

    《1+1이 공짜가 아니라고?》의 경우는, 호기심을 끄는 데는 더할 나위

없이 좋은 제목이지만 주제어가 모호한 측면이 있습니다. 《신나는 놀자판》(2003, 늘푸른아이들, 2003)은 옛 민속놀이를 그에 얽힌 과학 원리와 함께 정리한 책입니다. 내용 면으로 볼 때, 시기적으로 조금 앞선 융합 기획의 하나였다고 볼 수 있습니다. 제목에 드러난 장난기도 문제지만, '놀자판'은 어감상, 의미상 부정적 느낌을 내포하고 있습니다. 그림자 독자인 부모에게는 '어린이 논픽션=공부에 도움이 되는 책'이라는 등식이 성립하는데, 그와 정반대되는 의도로 읽힐 수 있으므로 실패한 제목이라도 해도 과언이 아닐 것입니다. 이처럼 제목을 지을 때는 부정적 단어나, 학습과 너무 동떨어진 듯한 유형은 배제하는 것이 좋습니다.

적어도 어린이 논픽션 제목이라면 멋을 부리거나 추상적으로 짓지 않아야 합니다. 모호하거나 다의미적 제목은 어린이책에서는 독이 될 수 있습니다. 기획 의도를 단순히 형식적인 것이라 치부하지 말고 편집자를 설득하겠다는 목표를 가지고 접근하기를 권합니다.

기획 의도는 자신이 쓰려는 분야에 대한 확신을 가지고 써야 합니다. 이 책이 나왔을 때, 독자에게 어떤 면에서 유익한지, 그 효용성을 언급하면 됩니다. 더 노골적으로 말하면, 필요성을 적극 어필하라는 뜻입니다. 그것이 지금 자신의 책이 출간되어야 하는 이유를 1차적으로 측정하게 해 줄 것입니다. 혹시라도 유사 도서가 있다면, 이미 출간된 같은 분야의 다른 책에 대한 한계점을 납득(지적이 아니라)시킬 수 있어야 합니다. 그 한계점을 극복하는 지점이 바로 지금 자신이 쓰고 있는 책의 출발점이 되는 것이니까요. 하지만 이 경우는 시장 조사가 철저히 이루어진 뒤에 해야 합니다. 편집자는 웬만한 작가보다 시장에 대해서 더 잘 알고 있습니다. 그들을 넘어서는 일은 우리가 하는 기획의 완성도와 직결됩니다.

기획서에서 가장 힘을 주어야 하는 부분이 있다면 바로 특징 및 차별성입니다. 편집자가 "이 책을 출간하고 싶네요!"라고 말한다면, 대부분은 이 지점에서일 것입니다. 그러므로 자신의 책이 가지고 있는 장점을 최대한 명확하고 인상적으로 설명해야 합니다. 내용적 특징뿐만 아니라 서술하는 방법의 특이성은 물론, 최근에는 교과 과정과의 연계성 등에 대해서도 언급하는 것이 좋습니다. 그리고 이 내용들이 차례와 내용에서 나타나야 합니다.

이 과정에서 작가의 능력이 드러납니다. 집중력, 창의성과 같은 덕목이 평가된다는 점을 명심해야 합니다.

소재에 대한 지배력은 차례와 내용에서 드러납니다.

개별적 콘텐츠의 적합성 및 합리성을 다시 한번 점검하고, 그들 간의 긴밀성을 살펴보아야 합니다. 이를 통해 콘텐츠의 순서, 즉 차례를 점검합니다. 어린이 논픽션의 콘텐츠는 대부분 수평적 배열을 이루고 있지만, 그 각각의 콘텐츠는 그 자리에 있어야 할 이유가 있어야 합니다. 흥미도나 접근성 등의 여부에 따라 차례도 잘 정해야 한다는 뜻입니다.

내용을 줄거리 적듯 기술하는 것은, 일종의 창작 동화 스토리보드와 같다고 생각하면 되겠지요. 편집자가 대략적인 내용을 파악할 수 있어야 원고의 출간 여부도 판가름할 수 있는 법입니다. 이를 위해 어느 정도의 세부 요소는 완성되어 있어야 합니다. 그러면서 작가는 자신이 배열한 차례 구성을 다시 한번 재수정 및 재배열할 수도 있습니다. 이러한 탄력성 혹은 유연성이 작가에게 갖추어져야 편집자와의 의견차가 좁혀질 수 있습니다.

어린이 논픽션 콘텐츠는 수평 배열하라

성인용 논픽션도 상당수가 그러하지만, 어린이 논픽션의 콘텐츠는 대부분이 수평적으로 배열되어 있다. 즉 각 콘텐츠 간의 상하, 혹은 주종관계가 성립되지 않는다는 의미인데, 교양서가 한 가지 주제를 가볍게 읽을 수 있는 책이라고 간단히 정의한다면, 콘텐츠는 수평적으로 배열하는 게 좋다. 수직적 배열은 심도 있는 전문서처럼 느껴지고 학습적 무게감이 커 보여서 차례만 보고도 독서 의욕을 잃을 수 있기 때문이다. 가령 《1+1이 공짜가 아니라고?》의 경우는 콘텐츠가 같은 주제 아래 서로 독립적으로, 동등한 질량으로 배열되어 있다. 그런 반면 《처음 세계사》(RHK)는 큰 제목이 5개가 있고, 그 아래에 또 소제목이 있는 형식이다. 무엇인가 깊이 있는 내용을 전개하겠다는 의욕이 더 돋보인다. 물론 콘텐츠 배열 방식은 그 내용에 따라 탄력적으로 적용해야 한다.

끝으로 점검할 것은, 바로 차례의 제목입니다. 책 제목의 대표성과는 달리, 10개 안팎의 제목은 과장하지 않는 범위 내에서 충분히 흥미를 끌어야 합니다. 서점에서 독자들이 표지 다음으로 주목하는 부분이 바로 콘텐츠의 내용을 한눈에 확인할 수 있는 차례이기 때문이지요.

14

전통 논픽션의 구성과
샘플 원고 쓰기

전통 논픽션의 구조는 생각보다 복잡합니다. 앞에서도 강조했지만, 모든 구성 요소가 분석의 대상입니다.

본문은 책의 몸통과도 같습니다. 따라서 어린이 독자에 대한 밀착도가 상당히 높아야 하는 부분입니다. 정보 글은 다소 어려워도 크게 문제 삼지 않지만—정보 글은 '더 공부해야 할 내용'쯤으로 여기고 있고, 또 실제로 그러하기 때문에—본문에 해당하는 부분은 편집자도 날카롭게 검증합니다. 따라서 본문에 역량 대부분을 집중해야 하고, 책의 완성도를 측정하는 기준이 되게 해야 합니다. 즉 본문은 '당신의 능력을 보여 주세요!'에 해당하는 부분이라고 할 수 있습니다.

정보 페이지는 어린이 독자보다 그림자 독자가 더 눈여겨봅니다. 얼마나 다양하고 많은 정보를 적시하고 있느냐에 관심을 두지요. 편집자의 입장에서는 본문에서 못 다한 내용을 더 담는 페이지이기도 하지만, 한편으로는 본문과의 디자인을 차별화해서 책을 보다 화려하게─볼 것이 풍부하다는 느낌이 들도록─구성하여 알찬 책이라는 인상을 줄 필요가 있습니다. 물론 작가는 이를 예상하고 그에 맞는 원고를 써야 하지요. 더구나 정보 페이지는 대부분 본문과 다른 어투로 쓰이기 때문에 작가에게는 조금은 고된 일이 될 수도 있습니다. (나머지의 구성 요소는 편집 디자인과 관련된 부분인데 다음의 그림을 참고하면 됩니다.)

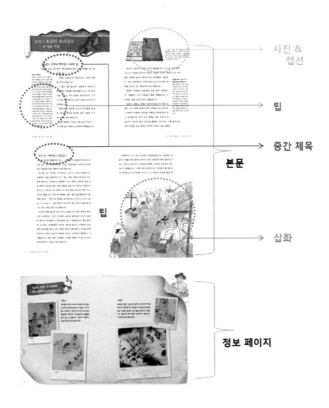

작가는 자신이 배열한 콘텐츠 가운데 자신의 책을 가장 효과적으로 설명할 수 있는 꼭지를 골라 샘플 원고로 쓰는 것이 좋습니다. 다만 샘플 원고를 보여주면서 편집자에게 "이건 초고입니다. 러프하게 써 보았습니다"라는 변명을 해서는 안 됩니다. 편집자는 그런 것까지 다 헤아리고 이해할 만큼 한가롭지 않습니다. 편집자는 도리어 기획서를 보내온 작가를 최대한 빠르게 판단하기 위해 샘플 원고를 봅니다. 지은이가 아직 책을 낸 경험이 없다면 더더욱 그럴 것입니다. 편집자는 그가 저자로 적합한지, 기획서에 서술한 주제를 적절하게 서술할 수 있는지를 샘플 원고를 통해서 판단하지요.

샘플 원고는 작가에게는 이후에 쓰일 나머지 원고에 대한 바로미터이기도 합니다. 이후의 형식(포맷)을 결정하기 때문에, 사실상 편집자의 마인드까지 동원하여 본문과 정보 내용, 팁 등의 구성 요소까지 면밀히 고려해서 작성해야 합니다.

어린이책의 한 꼭지는 대부분 원고지 30~40장 안팎의 분량입니다. 이는 어쩌다 보니 그렇게 된 것이 아닙니다. (학계의 연구에 따르면) 3~4학년 어린이가 독서를 시작하여 한 번에 집중할 수 있는 평균적 원고의 양이 그 정도라고 합니다. 그래서 창작 동화의 경우에도 단편은 이와 비슷한 분량입니다. A4 용지로 환산하면 약 4~5장 정도에 해당하지요.

그런데 처음 원고를 쓰는 작가에게는 이만한 분량도 그리 간단치는 않습니다. 아무리 집중력을 발휘해도 글 전체의 일관성을 갖추고 통일성을 이끌어내기란 어렵습니다. 2~3페이지로 넘어가면, 애초에 목적했던 바와는 다른 글을 쓰고 있거나, 했던 말을 또 하고, 심지어 쓸 내용은 많은데 이미 원고는 넘치고 있습니다. 도입부가 길기 일쑤이고, 어떻게 매듭을 지어야 할지 몰라 부랴부랴 끝낸 흔적이 보이지요.

이 문제를 해결하기 위한 좋은 방법은, 원고를 한 꼭지 쓰기 전에 도입과 결말 사이에 미리 작은 제목을 3~4개 정도 붙여 쓸 내용들을 나누어 놓는 것입니다. 각각의 작은 제목에 들어갈 주제를 정해 두고 그에 해당하는 내용들을 메모해 둡니다. 이는 소설이나 동화를 쓰는 작가가 흔히 사용하는 스토리보드와 성격이 같은 것입니다.

집필 과정

도입	이후 전개될 내용에 대한 아우트라인.
제1 주제	
제2 주제	각자의 주제를 전달하되, 흐름이 끊기지 않도록.
제3 주제	
마무리	확실하게 맺기.

첫 단락은 도입부에 해당하므로 해당 꼭지의 아우트라인을 잡아 주는 역할, 또는 흥미를 끄는 역할로 사용합니다.

1, 2, 3 주제로 나누어 기술하면 자칫 정보를 반복해서 나열하거나 빠뜨리는 정보를 통제할 수 있습니다. 어린이책의 특성상 문단을 짧게 나누고, 가능한 1~3 주제가 비슷한 분량을 갖도록 해야 합니다.

마지막 단락은 반드시 이 글이 끝났음을 알 수 있도록 매듭을 지어주어야 합니다. 그래야만 '처음—중간—끝'의 형식적 완결성이 갖추어지고, 전체 글의 완성도가 높아집니다. 이 목적이 달성되어야 독자 역시 정보에 대한 이해가 순조롭습니다. 물론 도입부는 제1 주제의 앞부분에, 마무리는 제3 주제의 뒷부분에 묻어가도 괜찮습니다.

이러한 방법을 모르지는 않을 텐데 구태여 한 번 더 강조하는 이유는, 오히려 '알고 있기에 잘 실천하지 않는' 경우를 빈번하게 보아 왔기 때문입니다. '그 정도의 짧은 글은 머릿속으로 구상해도 된다'는 오만에서 비롯된 일인데 첫 글이 항상 중심을 잃고 흐트러지는 것도 이와 관련 있습니다. 노련한 작가가 된 뒤에는 머릿속으로 구상하고, 이를 토대로 글을 써 나가는 일이 순조롭지만, 신인에게는 해당되지 않는 일입니다. 간혹 글쓰기 선생님이 첫 시간에 "지금까지 알고 있는 것들을 모두 내려놓으세요"라고 말하는 이유를 곰곰이 생각해 볼 필요가 있습니다. 어설프게 아는 것이 훨씬 더 위험할 수 있다는 의미이겠지요?

다음은 《발바닥 세계사, 춤 이야기》(가교, 2015)의 세 번째 꼭지인 '벨리 댄스 : 풍요와 다산을 기원한 춤'의 본문 전체입니다.(부속 원고는 제외)

여성의 아름다움을 간직한 배꼽춤, 벨리댄스

요란한 음악 소리가 건물 밖까지 흘러나오고 있어. 살짝 안을 들여다 보니 파티가 한창이었지. 한가운데에는 하얀 드레스를 입은 여자와 검정 양복을 입은 남자가 팔짱을 끼고 서 있어. 결혼식을 올리고 있었던 거야.

그런데 주인공인 신랑 신부보다 더 주목받는 사람이 있어. 춤을 추고 있는 여자였지. 이집트에서는 결혼식에 댄서를 초대해 공연을 하거든. 이 댄서는 배꼽이 훤히 드러난 의상을 입고 있어. 대신 베일(여자들이 얼굴을 가리거나 장식하기 위하여 쓰는 얇은 망사)로 얼굴을 살짝 가렸단다. 그래서인지 더욱 신비로워 보여.

댄서는 갈비뼈 아래부터 골반까지 천천히 배를 앞뒤로 움직였어. 댄서의 배는 파도처럼 넘실거렸지. 다음에는 골반을 위로 올렸다가 앞으로 내밀면서 원을 그렸어. 물 흐르듯 아주 매끈하게 이어진 동작이었단다. 얼마 전까지만 해도 시끌벅적했던 결혼식장은 쥐 죽은 듯 조용해졌어.

"꼴깍."

관객들이 마른침을 삼켰어. 여성의 아름다운 몸의 곡선을 이용한 이 춤은 사람들을 단번에 사로잡았거든.

"타당 타당 타다탕탕."

북소리가 점점 빠르고 커졌어. 댄서는 박자에 맞춰 엉덩이를 흔들었지. 몸통과 다리는 가만히 둔 채 엉덩이만 좌우로 아주 빠르게 움직였어.

"찰찰찰 찰찰찰."

허리에 달린 동전 모양의 금박 장식이 요란하게 흔들리며 소리를 냈지. 이 동작은 두 눈을 크게 뜨고 잘 봐야 한단다. 허리에 달린 장식이 없었다면 너무 빨라서 잘 안 보일지도 모르거든. 작은 움직임만으로도 큰 떨림을 만들어 내는 동작이지. 이 춤은 여성의 몸을 가장 아름답게 드러내는 춤, 벨리댄스란다.

풍요와 다산을 기원한 춤

벨리댄스는 아주 오래전부터 이어져 온 춤이야. 고대 이집트 벽화에는 벨리댄스를 추는 사람들이 그려져 있어. 그래서 어떤 사람들은 벨리댄스를 인류 역사상 가장 오래된 춤이라고도 말한단다.

벨리댄스는 주로 배와 허리를 이용해 춤을 추지. 이런 동작은 이 춤의 기원과도 관련이 있어. 벨리댄스는 이집트, 그리스, 터키 등에서 종교 의식 중에 추던 춤이었어. 오랜 옛날부터 사람들은 신에게 제사를 지내면서 소원을 빌었지. 주로 사냥, 농사, 출산이 잘 되게 해 달라는 것이었어. 풍요롭게 살 수 있도록 도와달라는 거였지. 그런데 제사를 지낼 때에는 신전에 제물을 함께 바쳤단다. 주로 과일과 가축이었지. 이때 소녀도 함께 신전에 들어가서 춤을 췄어. 그 춤이 바로 벨리댄스지.

왜 하필 벨리댄스였을까? 다른 춤도 많았을 텐데 말이야. 그 이유는 여성의 배가 출산을 상징하기 때문이었단다. 출산은 풍요로움을 뜻해. 그래서 배의 움직임이 많은 벨리댄스를 췄던 거야. 그래서인지 오늘날 이집트에서는 신랑 신부가 결혼식을 할 때 벨리댄서를 초대한단다. 그래서 댄서의 배에 손을 올리고 사진을 찍는 풍습이 있어. 다산(아이를 많이 낳음)을 기원하는 거지.

또 벨리댄스 의상에도 재미있는 이야기가 담겨 있어. 벨리댄스 치마에는 동전 모양의 장식이 달려 있거든. 그런데 옛날에는 정말로 돈이 달려 있었단다.

고대 그리스 시대에는 결혼할 때 신부가 신랑 집에 돈을 가지고 가야 했거든. 가난한 여성들은 돈을 마련해야만 했지. 그래서 시장으로 나가 춤을 췄어. 구경꾼들은 금화를 던져 주었고, 여자는 그 돈을 잃어버리지 않게 엉덩이 벨트에 꿰매어 달았지. 그것이 오늘날 치마의 장식이 되었단다.

이슬람교와 벨리댄스

벨리댄스는 이슬람 문화권에서 여성들이 추는 춤이야. 혹시 TV에서 얼굴과 몸을 긴 천으로 가리고 다니는 여자들을 본 적이 있니? 바로 이슬람 문화권에서 흔히 볼 수 있는 모습이야. 그런데 같은 이슬람교를 믿는 곳이라고 해도 나라마다 가리는 부위나 범위가 달라. 머리와 목만 가리는 곳이 있는가 하면 눈만 내놓고 몸 전체를 가리는 나라도 있단다. 이렇게 이슬람 여성들이 자신을 가리고 다니는 데는 이유가 있어. 많은 사람이 이슬람교의 경전인 '코란'에 따른 것이라고 말하지.

벨리댄스는 이집트에서 시작되고 발전해서 주변 나라로 퍼져 나갔어. 참 이상하지 않니? 머리도 밖으로 드러낼 수 없는 나라에서 배꼽을 훤히 드러내고 추는 벨리댄스가 유행하다니 말이야. 그건 이집트가 처음부터 이슬람 문화권에 속했던 게 아니라서 가능했던 일이야. 벨리댄스는 이집트가 이슬람의 지배를 받기 전부터 이집트에 전통 춤으로 전해져 내려오고 있었지.

이집트가 이슬람의 지배를 받기 시작한 건 640년경이란다.

이슬람교는 7세기경 아라비아 반도(아시아 대륙 남서부에 위치)의 '메카'에서 '무함마드'가 만든 종교야. 현재 지구에 살고 있는 사람의 숫자는 65억 명이 넘어. 그중에 이슬람교를 믿는 사람은 13억 명 정도란다. 세계 인구의 5분의 1을 차지할 정도로 많지. 이슬람교를 믿는 인구가 절반 이상인 나라도 44개가 넘어. 이집트도 그중에 하나란다. 전체 인구의 90%가 이슬람교를 믿고 있지. 이슬람 세계의 모든 것은 이슬람교의 경전인 '코란'에 따라 정해져.

이슬람교는 교리와 종교 의식이 엄격해. 그래서 많은 사람이 철저하게 교리에 따라 생활하지. 그런데 코란에 따른 이슬람 문화 중에 논란이 되는 것이 몇 가지 있단다.

코란에는 한 남자가 네 명의 아내를 맞을 수 있다고 되어 있어. 그리고 여성이 남성을 유혹하는 어떤 것이든 보여서는 안 된다는 말도 있단다. 이 말 때문에 이슬람 여성들이 자신의 얼굴과 몸을 가리는 가리개를 쓰고 다니는 거란다. 이슬람 국가에서는 간혹 여성들이 이 가리개를 쓰지 않았다고 해서 맞아 죽는 일이 종종 발생해. 그래서 여성 인권 단체들은 여성들을 힘들게 하는 이슬람의 문화에 대해 비난을 한단다.

이런 문화 때문에 이집트에서는 벨리댄스를 좋지 않게 보는 사람들도 많아. 여자들이 머리와 얼굴을 가리고 다니지는 못할망정 야한 옷을 입고 춤을 춘다고 말이야. 그래서 이집트의 한 유명한 벨리댄서는 경호원과 함께 다녀야 할 정도였지. 심지어 이집트의 한 변호사는 소송을 내기도 했어. 여자들이 사람들 앞에서 벨리댄스를 추는 것을 금지하라는 거였지.

"사람들 앞에서 야한 옷을 입고 춤을 추는 건 코란에 어긋나는 행동이오!"

하지만 이런 반대의 목소리에도 불구하고 벨리댄스는 여전히 이집트를 대표하는 춤이야. 지금도 전 세계 수많은 사람이 벨리댄스를 보기 위해 이집트로 온단다.

본문을 꼭지 세 개로 나누었고 각각의 꼭지에는 주제(소제목에 들어 있음)에 맞는 서술이 쉽고 간결하게 전개되어 있습니다. 그러므로 독자의 입장에서도 지루하지 않고, 소제목이 던지는 주제에 대한 흡인력도 높을 수 있습니다. 이러한 전개 방식은 작가의 입장에서도 집필하는 데 수월할 것입니다.

다음의 문제는 정보와 부속 글입니다.

작가 상당수가 정보 글과 부속 글을 (본문의 중요성만을 강조한 나머지) 본문을 모두 쓰고 나서 마무리하는 차원에서 정리하는 느낌으로 접근하는데, 이는 잘못된 생각입니다. 게다가 어린이 독자가 이 부분을 잘 읽지 않을 것이라는 선입견을 가지고 있어서 소홀히 하는 게 사실입니다. 하지만 작가는 그런 예측을 해서는 안 됩니다.

조금 부담스럽게 말하자면, 책 안에 담긴 모든 글은 그것 자체로 하나의 통일성 있는 '완전체'가 되어야 합니다. 그러므로 본문은 물론 부속과 추가 정보 글 역시 유기적으로 연결되어야 하지요. 더구나 본문과 정보 글, 부속 원고는 미세하지만 각각 다른 방법으로 서술되어야 하는 텍스트라서 어린이 논픽션 작가는 다양한 글쓰기 방법을 익혀야 합니다. 특히 에듀테인먼트 스토리텔링이라면 더더욱 그렇습니다. 스토리텔링과 논픽션은 서술 방식이 서로 다른 지점에서 출발합니다. 정보 글은 앞에 나온 본문 내용의 성격에 따라 난이도를 조절해야 하고, 서술 방식을 결정해야 합니다.

부속 원고 역시 편집 뒤에는 시각적으로 두드러지는 효과가 있어서 가독성을 흐트러뜨릴 위험이 있습니다. 그러므로 넣을지 말지부터 정하고 넣는다면 어떤 방식으로 넣을지를 면밀히 생각해야 합니다.

결국 논픽션 글쓰기는 모든 구성 요소가 조화로워야 하는 매우 복잡한 글쓰기임에는 틀림이 없습니다.

15

어린이책의 문장 쓰기 원칙–
Good 6, Bad 6

어린이 논픽션은 창작 동화가 그러하듯 독자의 눈높이에 맞는 문장 쓰기가 필요합니다. 하지만 창작 동화와는 달리 심심치 않게 각 분야에 해당하는 전문 용어를 필연적으로 써야 하는 경우도 많아서 이와 어우러져야 하는 일반 문장은 손쉽게 접근할 수 있어야 합니다.

GOOD 6	BAD 6
짧고 간결한 문장	길고 핵심이 없는 문장
一文一事(一思)	관념적이고 모호한 서술
정확, 적확한 단어	부사, 수식어, 한자어, 외래어 남발
(문장과 문장 간의) 논리성	불필요한 접속사
다양한 어휘, 서술 어미의 변화	상투적 표현
다양한 비유법	사은유

가장 중요한 것은 짧은 문장입니다. 화려한 수사를 버리고, 정확하고 적확한 문장을 써야 합니다. 이 원칙은 동화에도 해당합니다. 간혹 짧은 문장이 작가의 개성을 드러낼 수 없고 건조하다는 지적을 하는 작가도 있지만, 부정확하고, 부적절한 표현, 비문법적 서술의 오류를 범하는 것 보다는 낫습니다. 뿐만 아니라 문장에서 군더더기를 완전히 제거한 뒤 라야 문장의 멋도 부릴 수 있습니다. 자신만의 문장을 갖는 방법은 그간 비문법적 오류에 뒤섞여 있던 애매한 문장들을 완전히 버리는 일부터 시작해야 합니다.

화려하나 핵심을 알 수 없고, 멋을 잔뜩 부린 문장은 어린이 독자에게 는 치명적입니다. 더구나 사실을 객관적으로 전달해야 하는 논픽션에서 이러한 부적절한 시도는 논픽션이 전달해야 하는 요점을 제대로 전달하 지 못할 확률이 크지요. 이에 더하여 독자인 어린이에게 잘못된 언어 습 관을 전달하는 오류를 범할 수도 있습니다.

문장을 짧게 쓰기 시작하면, 다의성을 방지할 수 있으며, 한 문장은 자연스럽게 하나의 뜻을 갖게 됩니다. 의미가 모호하거나, 다의적인 문장은 어린이 독자에게는 오해를 불러일으킬 수도 있으므로, 이처럼 하나의 문장이 하나의 적절한 뜻을 갖도록 하는 것은 매우 중요한 일입 니다.

무엇보다 적확한 단어를 찾아내 사용하고 모호하거나 어려운 한자어 및 외래어를 피하는 일이 우선이지요. 이것이 쉬운 일은 아닐 것입니다.

어른은 관념적이고 추상적 표현에 익숙하기 때문입니다. 우리말 사전의 풀이말을 참고해 보세요. 한자어나 영어 등을 사용하지 않고도 어떻게 그 단어를 설명하는지 알게 될 것입니다. 어린이책을 쓰는 작가라면 특히 이와 같은 '사전 검색'을 무의식적으로 해 보는 것도 나쁘지 않은 문장 쓰기 연습입니다.

물론 이렇게 쓰인 문장이라도 서로 논리성을 확보해야 합니다. 각 문단 안의 문장은 커다란 하나의 의미 덩어리를 형성하기 위해 순서대로 모인 문장들이므로 각각의 문장들은 앞뒤가 명확해야 하고, 그 논리적 순서에 따라 배열되어야 한다는 뜻이지요. 그러므로 인물의 행동 순서, 사건이 일어난 순서 등을 잘 고려해야 합니다. 물론 시간적 순서만이 아니라 논리석 순서까지도 말이지요.

이제 세부 요소에 대해 생각해 볼 때가 되었습니다.

무엇보다 한 문단-문장이 아닙니다- 안에서 같은 단어를 반복하면, 다채로움이 사라지고 단조로움을 줍니다. 이는 읽는 재미를 반감시킬 뿐만 아니라 작가의 어휘력 수준을 의심받게 합니다. 작가에게는 치명적인 평가라 할 수 있지요. 그러므로 한 문단 안에는 같은 단어를 반복하지 말고 서술 어미에도 변화를 주어야 합니다. 그래야만 문장에 리듬이 생기면서 읽기가 수월해집니다. 자주 같은 단어가 반복되거나 똑같은 서술 어미로 끝나는 문장이 거듭 나오면 독자는 지루함을 느끼게 됩니다.

이제 다양한 비유법을 고려합니다. 물론 독자 어린이들의 수준에 맞는 적절한 정도여야 하고, 또한 사은유는 피해야 합니다. 사은유는 문학 작품에서든 논픽션에서든 독자에게 감동은커녕 도리어 진부한 느낌을 줄 뿐입니다.

또한 비유한답시고, 유행어나 '채팅 용어'(이런 게 따로 있는지 모르겠지만) 등을 사용하지 말아야 합니다. 어린이책은 단어로 하는 '개그'가 아니라 내용의 조화에서 오는 재미를 추구해야 합니다.

BAD 6

신인 작가, 또는 습작생의 글에서는 G6를 찾는 것보다 B6를 찾는 일이 더 빠를지도 모릅니다. 이 말을 한 이유는 이들을 조롱하려 함이 아니라 그것을 찾아낼 수 있는 안목이야말로 G6를 써내는 일보다 우선이기 때문입니다. B6를 찾아낼 수 있어야 그것을 G6로 전환시킬 수 있습니다. 작가 상당수는 자신의 문장 어느 곳이 어떻게 잘못되었는지도 자세히 모릅니다.

최악은 긴 문장입니다. 긴 문장은 다른 어떤 장르의 글에서도 그렇지만, 어린이책에서는 경계해야 할 부분입니다. 긴 문상은 자칫 논점을 흐릴 수도 있고 무엇보다 어린이 독자의 짧은 호흡에 버거울 수 있습니다. 대체로 60~70자 이내, 15 단어 이내가 좋습니다. 이는 A4 용지 한 줄 분량입니다. 어린이책은 돌려서 말하거나 논점을 에두르는 것보다 핵심을 짚어 주는 게 중요하지요. 사실 이 말은 지금까지 가지고 있던 어른으로서의 글쓰기 버릇을 전부 버리라는 의미이기도 합니다. 거듭 말하지만 어린이책 쓰기는 어린이 독자의 마음으로 써야 합니다.

G6에서 일문일사(一文一事)라 했습니다. 한 문장에 하나의 행동이나 한 가지 생각만 담으라는 것이지요. 이는 관념적이고 모호한 서술을 최대한 방지할 수 있게 합니다. 긴 문장을 버리는 데에도 도움을 주고요. 물론 긴 문장을 포기하면 이는 자연스럽게 따라옵니다.

이를테면 어린이책은 나의 멋진 문장을 뽐내는 장르가 아니어야 합니다. 설사 작가 자신의 문체의 개성적 측면이 약화되더라도 목적하는 바의 정보를 정확하게 전달하는 것이 우선이어야 합니다. 솔직히 멋을 부린 문장은 수필이나 소설에서는 어느 정도 효과가 있지만, 어린이책에서는 기대하는 만큼의 효과를 발휘하긴 힘들 것입니다.

따라서 작가로서 자신도 모르게 저지르는 '갑질'을 포기하세요. 한자어와 전문 용어는 물론이고 영어 등의 외래어를 사용해서 품위를 높이고자 하는 고상한 취미는 버리는 게 맞습니다. 그렇다고 쉽게 쓰려 해서는 안 됩니다. 접속사를 남발하거나, 사은유를 포함하여 상투적 표현을 고민 없이 쓰는 것은 독자를 충분히 배려하지 않고 있다는 뜻입니다.

16

그래서
필사를 해야 할 것인가?

　작가가 되겠다는 사람이 가장 많이 하는 질문 중 하나가 뜻밖에도 '필사'에 관한 것입니다. 하지만 이것은 집을 짓는 사람이 땅을 파서 주춧돌을 박고 기둥을 세우기도 전에, 자기 방의 벽지를 고르는 일과 다르지 않습니다. 문장이 중요하지 않다는 뜻은 아니지만 순서가 잘못되었다는 이야기입니다.

　작가가 되기 위해 가장 먼저 해야 할 일은, 문장을 다듬고 고르는 일이 아니라 자신이 쓰려는 글의 실체를 확인하는 일입니다. 소설가가 되고 싶으면 자신이 쓰려는 이야기를 소설이라는 모양새로 만들 줄 알아야 하고, 동화 작가가 되려면 자신이 생각한 재미있는 소재를 동화의 외형으로 빚어낼 줄 알아야 합니다. 좋은 문장은 소재에 대한 완벽한 지배력의 소산이며 문법적 완결성만 추구해도 기본 이상은 갖출 수 있습니다.

　소재에 대해 꼼꼼하게 잘 이해하고 있으면 콘텐츠 배열이 수월해지고, 무엇부터 써야 하는지 스스로 파악할 수 있게 됩니다. 무엇보다 문장과 문장 간의 순서가 자연스러워지고, 적확한 표현을 할 수 있습니다. 여기에 비문법적 진술을 경계하는 마음만 보태면 써 놓고도 무슨 말인지 알 수 없는 글을 썼다는 비평에서 자유로울 수 있습니다.

그럼에도 필사를 놓지 못하는 이유는 필사가 문장에 대한 감각을 키우고, 어휘력을 증진하며, 실제로 좋은 문장을 쓰기 위한 연습이 되기 때문입니다.

하지만 그렇다고 쓰는 필사에만 목매달 필요는 없습니다. 보다 경제적으로, '읽는 필사'를 권장합니다. 보통 사람들은 책을 '눈으로 보는' 데 익숙합니다. '입으로 읽지 않는다'는 뜻입니다. 눈으로 보는 독서는 한 문장 안에 담긴 핵심 단어만으로 문장 전체의 뜻을 이해하는 방식이어서 나머지 단어와 표현들은 쉽사리 지나칩니다. 서술어와 조사 따위는 눈에 들어오지도 않을 것입니다. 어차피 보통 사람들의 독서 목적은 내용의 파악에 있지요. 그러므로 절대로 한 단어씩 꼼꼼하게 읽지 않습니다. 그러니 문장의 구조가 보이지 않습니다. 문장 간의 논리성도 그다지 중요하지 않습니다. 단어가 적확하게 쓰였는지조차 큰 관심이 없지요.

하지만 눈으로 보지 말고 '입으로 소리 내어 읽어' 보면, 또 다른 방식의 독서를 할 수 있습니다. 무엇보다 '볼' 때보다 훨씬 많은 시간이 걸립니다. 그러나 모든 단어와 문장이 읽힙니다. 하찮은 접속사는 물론이고, 단순한 부사어와 수식어도 예외는 아니지요. 그제야 비로소 온전한 문장이 읽힙니다. 이제 필사의 효과를 기대할 수 있습니다. 필사란 온전한 문장을 직접 써 보며 저자의 문장을 익히는 것이므로 간접적 효과를 거

둘 수 있습니다. 읽는 독서의 가장 큰 이점은 볼 때보다 훨씬 분명하게 그 문장의 완결성을 확인할 수 있다는 점입니다. 시험 삼아 자신이 쓴 글을 '본' 다음, 다시 입만 꼬물거려서라도 '읽으면' 더 분명히 알 수 있지요. 볼 때는 잘 파악되지 않던 어색한 표현들이 단번에 발견될 테니까요. 독서와 필사를 동시에 하는 방법입니다.

체크리스트 ⓴

못 믿을 눈

아래의 글은 최근 SNS에 떠도는 글 중 하나이다. 다음의 순서대로 해 보자.

① 우선 눈으로 빠르게 읽어 보자.

② 그런 다음에 천천히 소리 내어 또박또박 읽어 보자.

③ 눈으로 읽었을 때와 소리 내어 한 글자씩 읽었을 때, 각각 발견한 오자는 얼마나 다를까?

> 재있미고 신하기네.
>
> 캠릿브리지대학의 연결구과에 따르면, 한 단어 안에서 글자가 어떤 순서로 배되열어 있는가 하컷는은 중하요지 않고, 첫째번와 마지막 글자가 올바른 위치에 있컷는이 중하요다고 한다. 나머지 글들자은 완전히 엉진망창의 순서로 되어 있지울라도 당신은 아부 문없제이 이것을 읽을 수 있다. 왜하냐면 인간의 두뇌는 모든 글자를 하나하나 읽컷는이 아니라 단어 하나를 전체로 인하식기 때이문다.
>
> 이제 다 읽었습니까? 다시 한번 윗글을 한 자 한 자 또박또박 읽어 보세요. 순간 깜짝 놀랄 일이 생길 것입니다.

하지만 시중의 모든 책을 필사의 대상으로 삼으면 안 됩니다. 유명한 작가라고 해서 무조건 좋은 문장을 쓰는 것이 아니며, 잘 팔리는 책이라고 해서 완벽한 문장으로 쓰인 것은 아닙니다. 예닐곱 장 꼼꼼하게 읽어 보면 금방 문장이 좋고 나쁜지를 판별할 수 있을 것입니다.

체크리스트 ㉑

필사는 반드시 볼펜으로 공책에 해야 한다?

꼭 그럴 필요는 없다. 아니, 그래서는 안 된다. 운동선수를 예로 들어 보자. 탁구 선수는 시합에 나갈 때, 자신이 늘 쓰던 라켓을 사용한다. 빙상 선수는 연습하던 스케이트를 신으며, 육상 선수도 새 신발이 아니라 늘 신고 연습하던 신발을 신는다. 축구 선수나 야구 선수도 자신에게 익숙한 장비를 쓴다. 요즘의 작가들은 대부분 컴퓨터로 글을 쓰는데, 구태여 공책에 필사를 할 필요는 없다. 필사가 연습이라면, 집필은 실전이다. 노트에 글을 쓰는 사람이라면 몰라도 컴퓨터로 글을 쓴다면, 컴퓨터에 타이핑하면 된다. 손이 머리보다 먼저 움직일 때가 있음을 기억해야 한다.

90%의 해답,
에듀테인먼트 스토리텔링

17

다큐멘터리를 예능으로 만들기-
스토리텔링의 의미와 역할

에듀테인먼트 스토리텔링(Edutainment Storytelling, 이하 ES)은 디지털 콘텐츠의 학습 효과를 배가하기 위해 놀이적 요소, 즉 이야기를 도입하면서 생겨난 용어입니다. 이후 ES는 온갖 학습용 디지털 콘텐츠를 만들어 내는 데 중요한 방법이 되었고, 최근에는 어린이 논픽션 분야에 대안처럼 자리 잡았습니다. 아니, 어린이책의 제4 분야라 해도 좋을 만큼 영역의 확장이 빠르고, 견고해지고 있습니다. 무엇보다 스토리텔링의 효과가 입증되었기 때문일 것입니다.

종종 스토리텔링에 대해서, '다큐멘터리를 예능으로 만드는 것이다'라는 말을 듣습니다. 이 말을 확장하면, ES는 독자(수신자, 피교육자)에게 지식을 포함한 다양한 정보 내용을 흥미 있는 이야깃거리로 만들어서 전달하는 것이라 할 수 있습니다.

ES의 이러한 천착은 당연히 이야기 자체가 갖는 재미에서 비롯된 것인데, 재미에서 한 걸음 더 나아가 연계, 혹은 2차 독서에 대한 호기심을 유발하고 독자로 하여금 정보를 받아들이는 일에 지속적인 관심을 갖게 하는 효과가 있습니다.

단적인 예로, 영화 〈쥬라기 공원〉(1993) 이후 아이들의 공룡에 대한 관심은 가히 폭발적이었지요. 공룡과 관련된 도서만 수십 종이 한꺼번에 쏟아져 나오기도 했습니다. 뿐만 아니라, 고고학이란 학문에 대해 이해하는 계기가 되었습니다. 그 바람에 전국의 지방 자치 단체는 공룡의 흔적이 발견된 곳을 서둘러 관광지로 개발하기도 했지요.

그러나 어쨌든 이야기는 한 주인공의 삶의 과정, 즉 내러티브입니다. 이를테면 사건과 그 전개 과정을 통한 감동을 목표로 하고 있다는 것인데, 감성에 호소함으로써 독자(피교육자)에게 지식의 습득 과정을 간접 체험으로 받아들이게 합니다. 이런 식으로 자극받은 내용은 당연히 독자의 머릿속에 더 오래 기억으로 남습니다. 이는 교육이 목표로 하는 바이기도 하지요.

뿐만 아니라 서사성 자체가 갖는 감동도 있습니다. 가령 《못난이 양지꽃 아가씨》(가교, 2010)는 사자 바위 언덕 위에서 홀로 태어난 양지꽃이 무료함을 참지 못하여 개나리, 진달래, 수선화가 무리 지어 피어 있는 싸리나무 울타리로 옮겨 가고 싶어합니다. 그래서 굴뚝새에게 부탁하고, 굴뚝새는 뿌리를 파헤친 뒤 양지꽃을 캐내어 싸리나무 울타리 아래로 옮겨 줍니다. 그러나 옮기는 과정에서 뿌리와 잎을 다치고, 싸리나무 울타리 아래는 해가 잘 들지 않아 양지꽃은 점점 시들어갑니다. 뒤늦게 후회를 하지만 소용이 없습니다. 때마침 꽃샘추위가 몰아쳐 양지꽃은 서서히 죽음을 맞습니다. 바로 이때, 나물 캐던 할머니의 도움으로 양지꽃은 다시 원래의 햇살 따사로운 언덕으로 돌아옵니다. 이 책은 원칙에 어긋나는 욕심을 부려서는 안 된다는 교훈을 담고 있지만, 한편으로는 식물이 자라는 데 꼭 필요한 요소가 무엇인지에 대한 과학적인 정보를 전달하고 있습니다.

《노빈손, 사라진 훈민정음을 찾아라》(뜨인돌, 2008)는 연산군 시대로 돌아간 노빈손이 감쪽같이 사라진 훈민정음 언해본을 찾는 내용입니다. 시대적 배경은 연산군이 자신의 폭정을 비방하는 벽서를 붙인 데 대한 보복으로 궁궐 내 한글 사용을 금지시키고 한글 책자를 찾아 소각시키는 등 한글에 대한 탄압이 극에 달하던 때였습니다. 여기에 더하여 사대주의를 표방하며 한글을 말살시키려는 일부 신하들의 음모가 어우러져 노빈손은 온갖 모험을 겪게 되지요. 훈민정음 언해본을 찾기 위해 편지로 쓰인 교묘한 암호문도 풀어야 합니다. 이처럼 《노빈손, 사라진 훈민정음을 찾아라》는 엔터테인먼트 요소가 강한 동화입니다. 그러나 이 이야기가 전개되는 과정에서 주인공 노빈손과 인물들(실제 학습은 독자)은 한글 창제의 원리에 대해서 알게 되고, 나아가 반드시 새 문자를 만들어야만 했던 세종대왕의 시대적 사명감에 대해서도 이해하게 됩니다.

　　"그럼, 홀소리는 어찌된 겁니까?"

"언문의 홀소리는 하늘과 땅과 사람의 조화를 염두에 두고 만들었네. 홀소리에는 3개의 기본 자모가 있네. 'ㆍ'와 'ㅣ'와 'ㅡ'지. 'ㆍ'는 하늘을 뜻하고, 'ㅣ'는 반듯이 선 사람을 의미한다네. 그리고 'ㅡ'는 평평한 땅의 모습이지."

"하온데 그것으로 어찌 음양을 표현한다는 말씀입니까?"

홍성우는 여전히 이해가 되지 않았다. 그러자 조양범은 뜻 모를 미소를 지으며 질문에 대답했다.

"이치는 간단하네. 바로 'ㆍ'의 위치에 따라 글자가 양의 기운을 갖기도 하고 음의 기운을 갖기도 한단 말일세."

(중략)

"이보다 완벽한 문자는 없네. 이 문자가 널리 퍼지게 된다면 세상이 뒤바뀔 것이야."

"말씀이 지나치십니다. 세상이 바뀌다니요."

"허허. 이 사람아. 지금까지 무얼 들었나? 세상의 원리가 담긴 글자를 천한 상것들까지 익히게 되면 어떤 일이 벌어지겠는가? 그들이 세상의 이치를 논할 테고, 나아가 학문을 하려 들지 않겠는가? 그러면 양반과 상민의 구별이 없어질 것이며, 종국에는 음양오행의 원리에 따라 서들의 세상이 올 것이라네. 음지가 양지가 된다는 말일세."

그 말을 하면서 조양범은 윗입술을 부르르 떨었다. 수염이 함께 움찔거렸다.

조양범과 홍성우는 악역입니다. 훈민정음을 찾아 없애려는 인물이지요. 이들은 한글의 의미를 되새기면서 자신의 세상을 유지하기 위해서 반드시 한글을 막아야 한다는 논리를 펴고 있습니다. 정보가 서사를 이끌어 가는 중요한 요소로 작용하고 있습니다.

《수학 귀신의 집》(살림어린이, 2012)은 흔히 말하는 '수학 동화'입니다. 특별한 사정으로 시골 할머니의 집에서 살게 된 주인공 윤아가 흉가처럼 남겨진 한옥에 들어가서 귀신들과 수학 문제를 주고받으며 겪는 모험담입니다. '주인공이 풀어야 할 수학 문제를 이야기가 담긴 흥미로운 문제로 바꿔, 이를 수학적으로 탐구해 가는 과정에서 생각하는 힘을 키우고 수학의 학문적 매력을 느끼게 해 준다'(보도자료 참고)는 것이 이 책의 목적인데, 실제로 《수학 귀신의 집》은 이야기를 통해 자연스럽게 다양한 수학적 사고를 접하게 되고, 또한 이야기의 진행을 통해 주인공 윤아의 모험심을 배우게 됩니다. 이후에도 수학 스토리텔링 동화는 수도 없이 출판되었습니다.

《아인슈타인 아저씨네 탐정 사무소》(주니어 김영사, 2015)는 주인공 영롱이가 친구 우현이의 '타임 리프 전자 발광 시계'의 도둑으로 의심받으면서 벌어지는 이야기입니다. 영롱이는 오해를 풀고자 시계를 찾기로 결심하고, 유성산 꼭대기에 있는 아인슈타인 아저씨네 탐정 사무소를 찾아갑니다. 하지만 아인슈타인 아저씨는 수수께끼와 같은 문제를 하나씩 제시하고, 이를 해결해야만 시계를 찾을 수 있을 거라고 말하지요. 이 과정을 통해서 주인공은 아인슈타인의 상대성 이론을 하나씩 알게 되고, 친구와의 우정이 얼마나 중요한지도 깨닫게 됩니다. 특히 이 시리즈는 실존했던 과학자들을 재미있고 독특한 개성을 지닌 인물로 하여 현재로 끌어와 흥미를 더했습니다.

이처럼 ES는 정보의 전달 외에도 서사적 감동으로 독자를 '재미'의 바다에 빠뜨립니다. 단 서사성이 풍부했을 때에 한해서입니다. 미리 말해두지만, 정보 노출에 대한 욕심이 지나쳐서 정보가 서사를 압도하거나, 서사 구조가 허술하면 이야기와 정보 내용이 따로 놀게 됩니다. 이럴 경우, 서사성에서 오는 재미나 감동은 약화될 수 있습니다.

어쨌든 ES가 '두 마리의 토끼'를 잡는 방법임에는 틀림이 없어 보이지요?

에듀테인먼트 스토리텔링을 이끌어 간 책

에듀테인먼트 스토리텔링은 학습 만화 분야에서 큰 돌풍을 일으켰다. 단순한 학습 만화의 차원을 넘어서 캐릭터와 사건의 축을 분명히 갖고 있는 이야기를 통해 정보를 전달하는 방식은 새로웠다. 무엇보다 이를 확실하게 증명한 책이 번역서인 《신기한 스쿨버스》(1999, 비룡소)

다. 공교롭게도 그때부터 학계에서는 스토리텔링이라는 용어가 본격적으로 사용되기 시작했다. 서사의 카리스마가 사라지고 이야기는 더욱 친근하게 독자를 만나게 된 것이다. 그것이 바로 스토리텔링이다. 이후 《마법 천자문》(아울북, 2019년 개정)과 《무인도에서 살아남기》(2001, 아이세움) 등 만화에서부터 열풍이 불었고, 〈노빈손〉 시리즈 등으로 옮겨가면서, 텍스트 중심의 에듀테인먼트 스토리텔링이 다방면에서 개발되기 시작했다.

전통 논픽션과
에듀테인먼트 스토리텔링의 차이

정보의 전달은 그 목적에 따라서 다양한 방법으로 시도될 수 있습니다. 전통 논픽션과 같은 방식이라면, 효율적이고 경제적일 것입니다. 같은 양의 정보를 ES에 비해서 짧은 시간에 받아들일 수 있으니까요.

그러나 이 모든 장점은 수신자(피교육자)가 능동적으로 받아들일 때만 그렇습니다. 실제로 상당한 노력을 들여 외우거나 익혀야 하니까요. 그래서 종종 권위적이고 강압적으로 보입니다. 수신자가 수동적이라면 이 방법은 그리 효과적인 방법이 되지 못할 것입니다. 더구나 그 정보 내용이 매우 하드(어렵거나 양이 많거나, 등의 문제)하면, 부담감은 커질 것이며 이후의 독서에 거부감을 느낄지도 모릅니다.

반면 ES는 그런 면에서 경제적이지는 않습니다. 아주 단적인 예이기는 하지만, 다음의 보기에서처럼 한 줄의 간단한 정보를 이야기로 만들기 위해 주인공과 사건이 필요하기 때문입니다. ES를 반대하는 사람들은 바로 이것을 이유로 들곤 하지요.

그럼에도 불구하고 ES는 정보에 대한 접근성이 매우 자연스러워서(왜냐하면 간접 체험의 방식으로 전달되므로) 전통 논픽션에 비해 수신자는 독서에 대한 부담이 적습니다. 그것은 놀이의 한 과정일 뿐입니다. 하지만 ES의 경우에도 이 놀이가 재미없다면 이후의 독서로 이어지지 않을 가능성이 높습니다.

정보

눈물은 눈에 붙은 먼지나 이물질을 재빨리 씻어 내 눈을 보호하는 기능을 한다.

storytelling

소라는 친구들과 함께 공원에서 놀고 있었어요.
그때 휘 하고 바람이 불어와 소라의 눈에 모래가 들어갔어요.
"앗! 아야! 어떻게 해? 눈이 따가워!"
소라는 얼결에 얼른 눈을 비볐어요. 하지만 그러자마자 더 아프기만 하고 눈물이 주르르 흘러내렸어요.
그때 어디선가 조그만 소리가 들렸어요.
"비비면 안돼!"
그 바람에 소라는 눈에 댔던 손을 떼었어요. 그러자 또 작은 소리가 어디선가 들렸어요.
"이제 눈은 아프지 않을 거야. 소라야!"
그래서 소라는 살며시 눈을 떠 보았어요.
"어? 정말이네. 눈이 아프지 않아. 어떻게 된 거지?"
그때, 또 작은 소리로 누군가 말했어요.
"우리가 눈에 들어가 모래를 빼내 주었기 때문이야."
"우리라니? 너희들은 누구지?"
"우리는 바로 눈물이야. 네 눈에 모래가 들어가서 네가 아프다는 말을 듣고 우리가 도와주려고 나온 거야."

무엇보다 전통 논픽션에서 정보는 단순 나열됩니다. 앞서 말했지만, 전통 논픽션은 효율적이고 경제적 효과를 추구하므로 그 어떠한 여백이나 비본질적 서술을 억제합니다. 그러나 ES에 담긴 정보는 위의 예에서도 보았듯이 주인공이 겪는 사건에 종속되어 있기도 하고, 그것(정보)을 탐지해 내는 것이 목표로 설정되기도 합니다. 물론 정보가 서사를 풀어 나가는 힌트가 되기도 하지요. 정보가 서사에 어떻게든 녹아들어 있으므로 몰입도가 전통 논픽션에 비해 훨씬 높습니다.

정보 전달의 목적이란 측면에서, 전통 논픽션이든 ES이든 해당 정보를 읽게 하려는 의도는 분명합니다. 그러나 전통 논픽션이 더 노골적이고 직접적인 데 반해, ES는 간접적이고 경험을 공유케 하는 방식이어서 표면적으로는 정보의 학습을 강권하지 않습니다. 그 때문에 접근도가 높아지는 것이겠지요. 자발성이 상당히 보장된다고 할 수 있습니다.

정통 논픽션		에듀테인먼트 스토리텔링
단순 나열	전달 방식	사건에 종속됨
사실 전달	목적	경험의 공유
없음-대상화	주인공	있음-주체화
강제적	흡수 방식	자발적
짧다	지속 가능성	길다
비친화적	친화성	친화적

전통 논픽션의 정보는 대상화되어 있고, 대상화된 정보는 비친화적이지요. 그런 반면에 ES의 정보는 독자가 (주인공과 동일시되므로) 주체적으로 흡수하게 됩니다. 놀이 과정과 (간접) 체험을 통해서 유입되는 정보이므로 받아들인 정보의 지속 시간이 전통 논픽션에 비해서 깁니다.

그러나 논픽션은 정보 전달의 목적으로 발달해 온 장르입니다. 그러므로 정보의 내용에 맞는 창작 방법론이 필요합니다. 아주 단순한 정보나 빠른 시간을 필요로 할 경우 ES는 적합하지 않습니다. 비본질적 요소 때문에 정보를 익히는 속도가 더디기 때문입니다. 뿐만 아니라 ES는 이야기를 창작할 수 있는 능력이 갖추어져야 합니다. 이야기 창작 능력이 없는 상태에서 ES를 시도하면 도리어 그 효과가 떨어진다는 사실을 인식할 필요가 있습니다.

《어린이 탐정단, 박물관을 지켜라》(늘푸른아이들, 2009)는 국립중앙박물관의 유물을 어린이에게 소개하는 책입니다. 물론 도록은 아닙니다. 이 책에는 네 명의 인물이 등장합니다. 박물관의 유물에 관심이 많은 초등학생 운주와 푸름이, 큐레이터 오우아와 세계적인 도둑 싹쓸이가 그들입니다. 어느 날, 싹쓸이가 예고 편지를 보내 박물관의 유물을 훔쳐 가겠다고 말합니다. 단, 자신이 낸 퀴즈를 풀면 훔쳐 가지 않겠다고 말하지요. 이러한 이야기 구조 속에서 홈즈라는 별명을 지닌 하운주와 푸름이가 싹쓸이의 퀴즈를 하나씩 풀어 가며 유물을 지켜 냅니다.

가령 싹쓸이가 낸 첫 번째 퀴즈는 '눈부신 태양'인데, 이 수수께끼를 풀기 위해 홈즈와 푸름이는 오우아 선생님으로부터 선사 시대의 유물에 대한 해설을 듣게 됩니다. 그러다가 문득 빗살무늬 토기의 무늬가 눈부신 햇살을 흉내 낸 것이라는 사실을 깨닫고 유물을 지켜 냅니다.

이처럼 이 책은 흥미진진한 이야기의 전개보다 단편적인 퀴즈 형식으로 이어지고 있어서 이야기로서의 개연성과 설득력은 떨어지지요. 그럼에도 불구하고 해설서의 틀을 극복하고 유물에 대한 흥미를 더했다는 점에서는 그대로의 가치가 있습니다.

반면, 앞에서 언급한 《노빈슨, 사라진 훈민정음을 찾아라》는 부속 원고를 제외하면 본문 어디서도 정보를 직접적으로 전달하려는 시도는 없습니다. 그러나 이야기는 이야기대로 완결성을 가져야 하고, 정보는 정보대로 필요한 만큼 전달되어야 하므로 상대적으로 더 많은 지면이 소요됩니다.

즉 전통 논픽션과 ES는 목적에 따라 결정되어야 하는 것이지, 어느쪽이 더 낫다 하는 판단을 내릴 수 있는 것은 아닙니다. ES가 어린이 논픽션 시장의 대세를 이루고는 있지만 전통 논픽션 역시 꾸준히 개발되고 있으니까요.

19

정보 돌출형 에듀테인먼트 스토리텔링과
서사 몰입형 에듀테인먼트 스토리텔링

ES는 전통 논픽션의 딱딱한 전달 방식을 재미있게 개선해 보고자 이야기의 방식을 빌려 온 측면이 큽니다. 또한 '이야기+정보'로 구성된 ES 덕분에 같은 소재라도 새롭게 읽히는 효과가 뚜렷하여 항상 레어 아이템을 찾는 기획자들의 좋은 방법론으로 채택되었지요. 단순히 캐릭터만 넣은 문답식 구성에서부터, 창작 동화에 버금가는 ES도 많이 출판되었습니다.

ES는 이야기(서사성)와 정보를 어떻게 다루느냐에 따라 서사 몰입형과 정보 돌출형으로 나뉩니다.

다음의 그림에서 보는 것처럼 서사성이 강할수록 정보의 강도는 낮아집니다. (숫자는 편의상 정보 지수와 서사 지수로 표현하겠습니다. 서사 지수가 5일 경우 창작 동화, 정보 지수가 5라면 전통 논픽션에 더 가깝다는 뜻입니다.)

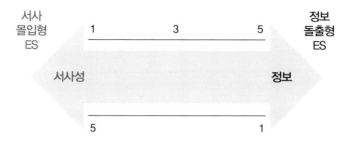

서사 지수와 정보 지수

이것의 의미는 정보가 이야기 속에 완전히 녹아들어서 독자가 정보를 익힌다는 느낌을 거의 받지 않는다는 뜻이기도 합니다. 이 경우가 ES의 가장 이상적인 형태입니다.

서사 몰입형은 정보 돌출형에 비해 아직 많지는 않습니다. ES도 정보 책이므로 어떤 식으로든 정보를 전달해야 한다는 당위성 때문에 그럴 것입니다. 이런 사정과 그림자 독자의 시선을 편집자는 외면할 수가 없습니다. 그래서 ES 대부분은 서사 지수보다 정보 지수가 훨씬 높지요. 정보 지수가 높을수록 정보 돌출형 논픽션은 시각적으로 그러한 의도가 드러나게 됩니다.

정보 돌출형 에듀테인먼트 스토리텔링

'우물에 빠진 달'은 《교과서 과학 동화─4학년》(늘푸른아이들, 2004)에 실려 있는 단편 과학 동화입니다. 물론 과학 동화는 ES의 대표적인 유형이고, ES란 용어가 회자되기 전부터 조금씩 출판되었습니다.

어느 숲속 원숭이 마을에서 원숭이 한 마리가 우연히 달이 비친 우물 속을 들여다보게 됩니다. 그것을 보고 원숭이는 달이 우물에 빠졌다고 생각하고 왕에게 알리지요. 하루가 다르게 달이 점점 줄어듭니다. 보름달→ 반달→ 하현달의 형태로 모습이 바뀌는 것이지요. 그러나 원숭이들은 이런 과학적 지식을 알 수 없었고, 어떻게 해서든 달을 우물에서 건져 내야 한다고 생각합니다. 결국 여우에게 달려가 도움을 청해 보지만, 여우는 자신에게 먹을 것을 가져다 주면 도와주겠다고 말합니다. 이에 원숭이들이 먹을 것을 구해다 주자, 여우는 한 마리씩 매달려 우물 속으로 들어가라고 하지요. 이런 과정을 겪고서 원숭이들은 우물에 빠졌다가 가까스로 살아납니다.

사실 동화만 따로 떼어 놓고 보면, 재미있는 전래 창작 동화와 크게 다르지 않습니다. 그러나 이 이야기는 달이 상현달에서 보름달로, 다시 보름달에서 하현달로 변한다는 과학적 정보를 전달하기 위해 창작되었지요. 그 사실을 명확히 하기 위해서 팁을 더하고 달의 모습이 변화하는 실사 이미지를 추가했습니다. 이때, 팁과 사진 정보의 돌출은 사실감을 극대화시켜 줍니다.

이처럼 정보 돌출형 ES는 정보 전달이라는 의도를 노골적으로 드러냅니다. 누가 보아도 '(동화 형태로 만들었지만) 정보책이구나' 하는 것을 시각적으로도 확인할 수 있지요. 이는 정보 돌출형 ES의 공통된 특징입니다.

《땅 파다가 콧구멍에 흙 들어간 두더지의 지구 이야기》(종이책, 2012)와 같은 경우도 있습니다. 이 책은 두더지가 주인공인 의인화 동화이며, 주된 정보 내용은 '지구 과학'입니다.

두더지가 사는 마을에 갑자기 이상한 일이 생깁니다. 두더지들의 코가 뭉그러지고 날카로워야 할 발톱이 툭툭 부러지지요. 모든 게 땅의 오염에서 비롯되었다는 것을 알게 된 흰코 할아버지가 갈갈이와 땅땅이에게 두더지들이 살아갈 새 땅을 찾아보라고 부탁을 합니다. 이에 두더지 두 마리는 땅(지구) 곳곳으로 여행을 떠납니다. 그러면서 두더지 두 마리는 지구에서 벌어지는 모든 일을 경험하게 되지요. 화산이 폭발하는 곳을 지나고, 지진이 일어나 달아나기도 합니다. 땅속에 숨어 있는 자원을 발견하는가 하면 지구가 도는 이유도 알아내지요. 여행 코스가 모두 서

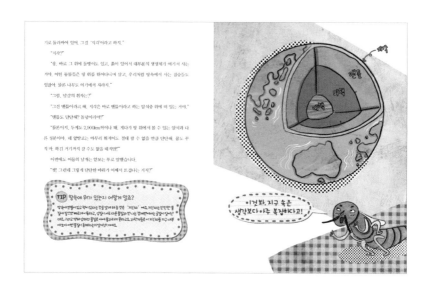

사적으로는 모험의 과정이고, 그 모험을 겪는 중에 두더지 두 마리는 지구 과학에 관련된 정보를 익히게 됩니다.

이에 따라 편집도 매우 공격적입니다.

위의 장면은 땅땅이가 지렁이를 찾아(왜냐하면 지렁이가 사는 땅이 좋은 땅이라는 정보를 들었기 때문이지요), 땅속을 파다가 땅강아지를 만나 지구가 지각-맨틀-외핵-내핵으로 이루어져 있다는 사실을 알게 되는 내용입니다. 정보 내용을 해설하는 삽화가 그대로 들어감으로써 정보 돌출형 ES임을 시각적으로 드러내고 있습니다. 이처럼 서사성을 충분히 가지고 있는데도 정보 지수를 높여 논픽션임을 강조하고 있지요.

《얼짱 몸짱 동물 병원》(가교출판, 2010)은 우화 형식으로 쓰인 동화입니다.

사막에서 멋진 안내원 역할을 하던 낙타, 미스 캐멀이 조금 더 예뻐지고 싶어서 번화한 마을의 성형외과를 찾습니다. 두툼한 입술도 뜯어고치고, 제멋대로 자란 두꺼운 속눈썹도 없애고 싶었던 거지요. 등에 불쑥 솟은 혹도 떼어 버렸으면 합니다. 결국 미스 캐멀은 자신의 소원을 이루고 사막으로 돌아옵니다. 사막의 동물들은 미스 캐멀이 예뻐졌다며 칭찬을 거듭합니다. 자연히 미스 캐멀도 자신감을 얻습니다.

그러던 어느 날, 미스 캐멀은 수학여행을 온 동물들의 사막 안내를 맡

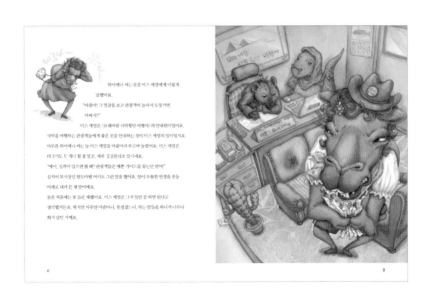

게 됩니다. 하지만 모래 폭풍이 불어오자 미스 캐멀은 눈도 뜨지 못하고 오아시스도 찾아내지 못합니다. 수술하느라 원래의 모습을 잃어버렸기 때문이지요. 긴 눈썹은 모래를 막아 주고, 벌렁거리는 코는 오아시스를 찾는 데 도움이 되었지만, 수술한 뒤에는 제 역할을 할 수 없었으니까요. 더구나 수분 대신 사용하는 등의 혹까지 떼어 내는 바람에 다른 동물보다 먼저 지칩니다. 결국 미스 캐멀은 자신의 잘못을 깨닫습니다.

이야기만 보자면, 얼굴만 예쁜 게 전부가 아니라는 교훈을 주고 있지만, '낙타의 독특한 생김새는 사막 기후에 적응하도록 발달된 것'이라는 정보를 함께 던져 주지요. 낙타의 생태 정보를 이해할 수 있습니다. 이 책에서는 팁이나 사진 등, 정보를 노골적으로 전달하려는 시도는 보이지 않습니다. 이는 서사성을 극대화한 형태입니다. 서사 지수를 최대한 높였습니다.

물론 어느 편이 정답이라고 할 수는 없습니다. 전달해야 하는 정보의 양과 그 필요성에 따라 정보 돌출형과 서사 몰입형이 선택되겠지요. 다만 서사 몰입형에 가까울수록 작가는 이야기를 만드는 능력을 갖추어야 합니다.

이런 점에서 린다 수 박의 《A Single Shard》(Houghton Mifflin Harcourt P)는 매우 흥미로운 시사점을 제공합니다. 이 작품은 국내에 《사금파리한 조각》(서울문화사, 2008)으로 번역되었는데, 고려청자를 소재로 다루고 있습니다. 배경은 청자가 탄생했던 고려 시대이며 내용은 다음과 같습니다.

버려진 소년 목이가 우여곡절 끝에 이름난 도공을 스승으로 모시게 되고, 흙을 고르는 일부터 청자 만드는 법을 차근차근 배워 나가기 시작합니다.

그러던 중 스승에게 중요한 일이 생깁니다. 그 때문에 나라에서 쓸 도자기의 견본품을 왕실(개경)까지 가져가야 하는데, 이 일을 목이가 대신하게 되지요. 남쪽 땅끝 마을에서 개경까지의 여행길이 쉽지만은 않아서, 강도를 만나 스승의 잘 빚은 도자기를 깨뜨리고 절망합니다. 하지만 좋은 도자기를 알아볼 수 있는 사람이라면 깨진 조각(사금파리)만으로도 스승의 도자기가 얼마나 훌륭한 것인지 알아볼 것이라며 궁궐로 향합니다.

이처럼 《사금파리 한 조각》은 고아로 자라난 아이의 슬픔과 그럼에도 불구하고 사기장이 되겠다는 꿈을 키워 가며 정체성을 확보해 나가는 모습이 매우 인상적으로 그려져 있습니다. 바로 그런 이야기의 틀 속에 청자에 대한 정보가 고스란히 녹아 있습니다. 이야기 속에서 분리해 보면 정보이지만, 그 정보는 이야기의 모티프가 되거나 사건의 발단으로 작용하여 서사와 분리되지 않지요.

민 영감이 마지막으로 남은 진흙을 보고 흡족해 할 때까지, 진흙을 휘젓고 체로 거르고 가라앉히고 괸 물을 퍼내는 작업은 몇 번이고 되풀이되었다. 이런 과정은 앞으로 어떤 작품을 만들 것인가에 따라 조금씩 달라졌다. 매일 사용하는 튼튼한 찻주전자를 만들 경우엔 물기를 한 번 빼는 걸로 충분했다.

(중략)

가장 높은 단계의 수비 작업은 청자 유약을 만들기 위한 것이었다. 이 경우에는 대여섯 번 작업을 거듭해도 충분하지 않았다. 목이는 이따금 좌절감에 사로잡혀서 고함을 지르며 주먹으로 진흙을 후려치고 싶어지곤 했다. 민 영감이 퉁명스러운 몸짓으로 한 번 더 작업을 되풀이하라고 시킬 때였다.

이 서술은 사실상 좋은 그릇을 만드는 데 필요한 정보 내용입니다. 그러나 서사적으로 주인공 목이에게 이런 과정을 익히는 일이 필수적입니다. 그래야 떠돌이 생활을 끝내고 민 영감의 제자가 되어 그릇을 만드는 일을 할 수 있게 되기 때문이지요. 이를 익히는 것 자체가 주인공의 서사적 정체성을 확보해 가는 과정이기도 합니다. 즉 정보 내용이 주인공의 성장과 변화의 열쇠이자 주인공으로 하여금 의미 있는 행동을 하도록 유도하고 있는 것이지요.

이 과정에서 독자는 목이에게 감정 이입을 하게 되고 서사적 감동의 모티프가 되고, 동시에 이 행동(사건)은 독자에게 정보의 습득 과정으로 경험되는 것입니다.

이처럼 사건은 낱낱의 일화마다 구체적이어야 한다는 뜻이며, 이때 구체적이라 함은 정보 내용에 대한 접근이 주인공의 실제적 행동으로 표면화되어야 한다는 의미입니다. 그랬을 때 정보 전달의 목적도 효과적으로 달성됩니다. 만약 그렇지 않으면 정보만 남게 되어 서사성이 약화됩니다.

정보량에 비해 서사성이 빈약하면 팩트(fact)만 강조되어 서사성이 담보하는 비전(vision)의 세계를 충분히 보여줄 수 없다고 이해하면 쉽습니다. 반대로 서사성이 정보 내용을 압도하면 전달해야 하는 정보는 소품으로 그치거나 소재 주의에 함몰된, 단순한 서사물로 전락할 위험이 커지겠지요.

서사 지수를 높일 것인지, 정보 지수를 높일 것인지는 작가와 편집자가 애초의 목적을 염두에 두고 함께 고민해야 할 문제입니다.

동화와 에듀테인먼트 스토리텔링의 경계는?

동화와 서사성이 극대화된 ES는 구분짓기 힘들다. 서사성이 강하다는 것은 동화가 가져야 할 형식적 요소에도 비교적 충실하다는 뜻이므로, ES로 시작했으나, 정보의 노골적인 노출을 최대한 줄이고, 정보가 이야기를 풀어내는 모티프나 단서로 쓰인다면 그 글은 창작 동화에 가까워진다. 반대로 어떤 동화는 개연성을 확보하거나 사실성을 강조하느라 정보에 치중하는 경우도 있다. 이 경우, 독자는 동화라고 읽었으나 정보가 두드러져서 창작 동화로는 부족하다고 말할 수도 있다. 동화로 쓰였으나 ES로 읽힐 수 있고, ES로 쓰였으나 동화로 읽힐 수도 있다. 다만 동화는 ES보다 문학적이며, 사회성을 내포하고 있으며, 주인공 삶의 변화 과정에 더 집중한다. 주인공의 모든 행동과 언어는 정보를 의식하지 않는다는 뜻이다.

이야기 대부분은 정보를 담고 있다

린다 수 박의 《Seesaw Girl》(Tseng, Mou-Sien)은 《널 뛰는 아가씨》(서울문화사, 2003)로 번역되었다. 양반집 자녀 옥화를 통해 한국의 대가족 제도를 품격있게 소개하고, 당시 한국의 교육, 전통 혼례 등을 전달하는데 이를 통해 독자는 한국 고유의 문화를 간접 체험하게 된다. 조선의 여성 교육에 대한 밀도 있는 서술이 돋보이는 이 작품은 전술한 작품과는 또 다른 한국 문화를 전달하고 있다. 물론 이러한 일련의 정보 내용은 주인공의 성장 과정을 서사적 틀 안에서 전개함으로써 정보와 서사가 분리되는 것을 최대한 방지하고 있다.

구태여 린다 수 박의 작품을 예로 드는 것은 이 작품은 애초에 영어권에서 출판되었고, 본의 아니게 영어권 국가의 사람들에게는 한국을 이해하는 ES의 역할을 하게 되기 때문이다. 실제로 린다 수 박의 작품은 미국 일부 주에서 동양사 과목의 부교재로 채택되기도 했다. 애초에 모든 이야기가 교육, 혹은 정보 전달의 역할을 하고 있음을 쉽게 확인할 수 있는 부분이다. 《The Kite Fighters》(Dell) 등의 작품도 같은 차원에서 이해할 수 있다.

《바빌론의 사라진 공중정원》과 같은 경우도 이런 차원에서 설명할 수 있다. 이 판타지 동화는 두 주인공이 전설 속에 존재하는 신바빌로니아 제국의 네브카드네자르 왕이 세웠다는 공중정원을 모험하는 과정을 그리고 있지만, 이 과정을 통해 유대인들의 바빌론 유수를 비롯해 신바빌로니아 제국의 역사 등에 대한 정보를 익힐 수 있다. 이 정보를 자기 것으로 만들어야 주인공들이 모험을 진행할 수 있기 때문이다.

20

삼투형 에듀테인먼트 스토리텔링과
유인형 에듀테인먼트 스토리텔링

ES에서 스토리텔링의 역할은 '재미'를 통한 흥미의 배가에 있습니다. 재미가 간접 체험의 효과를 일으켜 학습 효과를 극대화하면 그 역할을 충분히 했다고 할 수 있지요. 그런데 ES는 엄밀하게 스토리텔링의 역할에 따라 조금씩 다르게 쓰일 수 있습니다.

스토리텔링 안에 정보가 삼투(滲透)되어 있는지, 스토리텔링이 정보에 접근하기 위한 유인(誘引)의 역할을 하는지에 따라 삼투형 ES와 유인형 ES로 나뉠 수 있습니다.

삼투형 ES는 이야기 안에 정보가 녹아 있는 것을 말합니다. 앞에서 언급한 〈노빈손〉 시리즈(뜨인돌)와 〈과학의 기초를 잡아 주는 처음 과학 동화〉(주니어 김영사) 시리즈가 여기에 해당한다고 할 수 있습니다. 이 시리즈는 스토리텔링 안에 목표하는 정보를 일정량 포함하고 있습니다.

대부분은 그것 자체로 완결된 형식을 취하지만 간혹 스토리텔링이 끝난 뒤에 추가 정보를 전달하기도 하는데, 이는 옵션입니다.

《재난에서 살아남는 10가지 방법》은 실제로 재난이 닥쳤을 때, 더구나 어른이 부재한 상태에서 아이들끼리 그 재난을 감당해야 하는 상황을 스토리텔링으로 엮은 책입니다. 이 중 '자욱한 연기 속에서'는 아파트에서 화재가 발생해 초등학생인 두 자매가 지혜롭게 탈출하는 과정을 그리고 있지요. 특히 언니 희수는 장애인이나 다름없는 약시(弱視) 환자―주인공에게 시련을 부여하는 것은 스토리텔링의 기본―입니다. 그럼에도 불구하고 희수는 어린 동생과 함께 화재 현장을 나섭니다.

> 희수는 적신 수건을 내밀었다. 은수는 훌쩍이면서 한 손으로 희수 소매를 꽉 잡은 채 물이 뚝뚝 떨어지도록 젖은 수건을 받아들었다. 희수는 숨을 한 번 크게 내쉬었다.
>
> "침착해야 해. 언니 말 잘 들어."
>
> "응."
>
> "불난 연기를 마시면 큰일 나. 마셨다가는 앞으로 맛있는 음식 냄새를 하나도 못 맡을지도 몰라!"
>
> (중략)
>
> "몸을 최대한 숙여야 해. 이제 현관 밖으로 나가서 계단으로 내려갈 거야."
>
> 희수는 신발장 앞에 걸려 있는 시각장애인용 흰 지팡이를 쫙 펼쳤다.

"언니, 잠깐만. 내 몽실이."

"지금 그거 챙길 때가 아니야. 언니가 새로 사 줄게."

"빨리 갖고 올게! 10초만!"

희수는 이 와중에 강아지 인형을 챙기려는 은수가 답답했다. 방으로 뛰어 들어간 은수를 기다리는 동안 1초가 한 시간 같았다.

"언니. 엘리베이터 타고 가면 안돼? 10층을 어떻게 걸어 내려가."

"승강기 점검할 때는 잘만 걸으면서. 불났을 때는 엘리베이터에 갇히면 큰일 나. 절대 안 돼!"

이처럼 인물의 행동과 대화 중에 정보 내용이 삼투되어 있습니다. 물론 스토리텔링이 끝나면 약간의 정보가 주어지지만, 가장 본질적인 정보는 내용 안에 모두 포함되어 있습니다.

《협동조합이 뭐예요?》(가교, 2018)의 경우도 마찬가지입니다. 이 책은 협동조합이란 무엇인가, 라는 이야기부터 전 세계의 유명한 우량 기업들이 협동조합을 어떻게 만들었고 위기를 어떻게 극복했는지에 대한 짧은 이야기 10가지를 담고 있습니다. 그런데 이 책의 핵심은 각각의 협동조합이 어떤 어려움을 건너 내며 만들어졌는지, 그런 중에 어린 이들은 무엇을 할 수 있었는지에 초점이 맞추어져 있으므로 본문 자체에 정보의 대부분이 담겨야 합니다. 그 때문에 이야기 속에 정보가 녹아 있지요.

이에 반해 유인형 ES는 이야기로 주의를 끌고 그에 대한 정보를 전통 논픽션 형태로 익히도록 합니다. 대체로 서로 다른, 여러 가지 종류의 정보를 전달할 때 많이 쓰입니다.

유인형 ES의 대표적인 경우는《궁금한 이야기 플러스 4차 산업혁명》(서유재, 2018)이나,《세계사 속 톡톡 튀는 경제 이야기》(북멘토, 2016)를 들 수 있습니다. 두 경우 모두 짧은 스토리텔링으로, 해당 정보를 소재로 이야기를 만들고(본문), 이야기가 끝난 뒤에 이면에 얽혀 있는 정보를 상세히 설명하는 방식이지요. 그러므로 유인형 ES는 한눈에 보기에도 이야기가 짧고, 정보가 더 많은 양을 차지하고 있습니다.

《궁금한 이야기 플러스 4차 산업혁명》은 4차 산업혁명을 이끌고 있는 8개 분야를 소재로 하고 있습니다. 사물 인터넷, 드론, VR, AI, 웨어러블 로봇, 3D 프린터 등입니다. 이 중 세 번째 이야기 '엄마와 동생을 구한 작은 날갯짓'은 아프리카 르완다에 살고 있는 소년 이노센트의 이야기입니다. 어느 날, 이노센트의 엄마가 동생을 출산하는데, 엄마는 출혈이 심해 아기와 함께 죽음의 위험에 직면하지요. 긴급하게 수혈이 필요한 상황이지만 때마침 폭우가 쏟아져 길이 끊기는 바람에 혈액 수송 자체가 불가능한 상황이 되어 버립니다. 하지만 다행스럽게도 드론이 혈액을 수송하여 엄마와 아기는 목숨을 건지게 됩니다. 실화를 바탕으로 재구성된 이 이야기는 다만 드론으로 혈액을 수송했다는 단순한 정보만을 던지고 있습니다. 따라서 이 이야기의 주인공은 이노센트처럼 보이지만, 실상 드론이라고 해도 과언이 아니지요.

그 시각, 카브카이 병원에서는 이노센트가 밖으로 나와서 하늘을 바라보고 있었어요. 이노센트 옆에서 아빠와 간호사가 초조한 표정으로 서성였지요. 다행히 비는 잦아들고 있었어요.

위웡…….

잠시 뒤, 먹구름 사이로 작은 비행 물체가 나타났어요.

"아빠, 저게 의사 선생님이 말씀하신 드론이에요? 진짜 신기해요."

(중략)

드론은 병원 앞까지 순식간에 날아왔어요. 그러고는 상공 20미터 지점에 멈추더니 갑자기 아랫배를 탁 열었어요. 그러자 낙하산이 달린 빨간색 상자가 포물선을 그리며 천천히 떨어졌어요. 바로 혈액이 담겨 있는 상자였어요.

상자가 떨어지자마자 간호사가 재빨리 낚아채 수술실로 달려갔어요. 그 사이 임무를 마친 드론은 왔던 방향으로 다시 날아갔어요.

드론이 날아와서 혈액 상자를 두고 갔다는 진술 이외에는 어디에도 드론에 대한 과학적 정보는 서술하지 않고 있습니다.

이제 드론의 활약상을 간접 체험한 독자들은 어떻게 드론이 이런 일을 하게 되었는지 궁금해할 것입니다. 이를 위해 작가는 이야기가 끝난 뒤, 드론에 대한 상세한 정보를 제공하고 있습니다. 드론이란 무엇인지, 어떻게 혼자 날 수 있으며, 어느 곳에 쓰이는지, 조종은 어떻게 하는 것인지를 입말체로 쉽고 흥미롭게 설명하고 있습니다. 실제로 스토리텔링은 짧고, 정보는 그에 비해 길고 디테일합니다.

《내일을 바꾸는 사회 참여》(개암나무, 2019)는 모두 6개의 차례로 구성되어 있고, 이 가운데 '사회 참여, 왜 해야 할까요?'의 첫 꼭지는 짧은 동화로 시작합니다.

"킥킥, 똥 학교래."

"대변 초등학교? 학교 이름이 대변이 뭐야?"

사회 수업 시간에 선생님이 기사를 보여 주자, 아이들이 웅성거렸어요.

선생님이 아이들에게 물었어요.

"여러분은 학교 이름 때문에 놀림받거나 억울한 상황을 겪으면 어떻게 하겠어요?"

"어차피 좀 지나면 졸업하잖아요. 그냥 참을래요."

"학교 이름을 그렇게 지은 사람을 원망할 것 같아요."

선생님이 다시 물었어요.

"그간 대변 초등학교를 다녔던 수많은 학생들도 여러분과 비슷한 생각을 했을 거예요. 그런데 하준석 어린이는 단지 생각에 그치지 않고 행동에 나섰어요. 왜 이런 결심을 했을까요?"

(중략)

"어렵게 생각할 필요 없어요. 사회 참여는 의지만 있다면 누구나 할 수 있어요. 여러분과 같은 어린이들이 세상을 바꾼 사례도 무척 많답니다. 지금부터 알려 줄게요.

이 생활 동화는 도입부에 해당하며, 여기에는 '사회 참여란 세상을 더욱 살기 좋게 바꾸는 일에 스스로 참여하는 거예요. 문제를 널리 알리고 지지를 구하고, 뜻을 모아 사회의 결함을 개선하는 활동이지요'라는 선생님의 언질만 있을 뿐, 사회 참여에 대한 구체적인 방법은 드러나 있지 않습니다. 그러한 내용은 바로 다음 꼭지, '시민이 바꾸는 세상'에서부터 시작됩니다. 이 꼭지에서는 촛불 시위를 예로 들어 사회 참여가 왜 필요한지, 얼마나 큰일을 할 수 있는지에 대한 설명으로 이어집니다. 이어지는 다른 꼭지에서는 세계 여러 나라의 어린이들이 사회 참여를 통해서 얻어 낸 변화에 대한 설명을 입말체로 이어 갑니다. 그리고 또 다른 정보 페이지에서는 사회 참여의 역사에 대해 짧게 알려 줍니다.

이처럼, 유인형 ES는 정보를 이야기 안에 직접 녹여 내기 어렵거나, 정보 내용 자체가 어려울 때 사용하면 큰 효과를 볼 수 있습니다. 하지만 이야기가 짧다고 스토리텔링이 쉬운 것은 아닙니다. 오히려 짧은 이야기 안에 독자의 호기심을 단숨에 사로잡을 만한, 임팩트한 에피소드가 담겨야 독자는 정보 페이지로 눈길을 옮길 것입니다.

삼투형 ES를 쓸 때와 유인형 ES를 쓸 때의 접근 방법은 조금 다릅니다. 양쪽 모두 주인공의 적극적인 행동과 극적인 사건이 요구된다는 점에서는 다를 것이 없지만, 삼투형 ES는 이야기 속에 정보가 꼼꼼하게 녹아들어야 하기 때문에 적당한 길이를 확보해야 하고, 정보에 의해 서사가 뒤틀리거나 약화되는 일이 없어야 합니다.

반면 유인형 ES는 본격적인 정보를 담지 않는다고 해서 이야기가 너무 느슨하게 전개되어서는 안 됩니다. 그럴 경우 독자는 그 뒤에 따라올 정보에 크게 관심을 갖지 않을 것이기 때문입니다. 아울러 유인형 ES는 아직 할 이야기가 더 남았음을 복선처럼 남겨 두는 것이 좋습니다.

21

에듀테인먼트 스토리텔링의 원리, 기획

앞에서 설명했지만, 전통 논픽션이 그렇듯 ES의 핵심도 기획입니다. ES도 틀림없이 어린이 논픽션에 포괄되는 개념이니까요. 물론 ES에서의 기획은 전통 논픽션에서의 기획보다 훨씬 광범위합니다. 이때의 기획이란 어떤 정보를 어떻게 전달할 것이며, 어느 자리에 넣을 것인가에 대한 확인의 과정이며, 기획은 어떤 이야기가 필요한가 등의 모든 문제를 쥐고 있는 ES의 콘트롤 타워이지요. 좁은 의미에서는 서사성과 정보를 어떻게 연결할 것인지에 대한 방법론에 관한 것입니다.

다음 페이지의 그림에서 보듯이 ES에서는 정보가 서사를 움직이는 근본적인 힘이 됩니다. 흔히 소설은 주인공에게 어떤 문제가 생겼을 때 이야기가 시작된다고 합니다. 그런 의미에서 소설의 주인공은 문제적 개인(게오르그 루카치)이라 부르지요. 그래서 소설은 이 문제를 해결하기 위해서 다양한 사건의 여정을 동반합니다. 그러나 ES에서 주인공은 알려 줄 정보가 있어서 사건에 휘말립니다. 더 정확히 표현하면, 정보 전달이라는 목표를 달성하기 위해 일부러 사건 속으로 뛰어드는 형태입니다. 그러므로 ES에서는 정보가 서사를 움직이는 동력이지요. 정보의 처리에 대한 작가의 섬세한 기획력이 이야기의 큰 틀을 좌우한다고 볼 수 있습니다.

ES의 원리

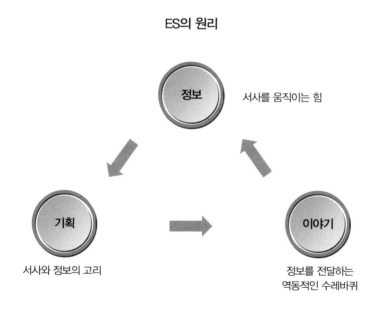

알려 줄 정보가 있나요? 그렇다면 이야기가 시작될 조건을 갖추었습니다. 이제 이야기가 작동하기 시작했으니, 이야기는 본래의 책임을 다해야 합니다. 흥미를 이끌어 내서 정보를 효과적으로 전달하는 것이지요. 이야기를 '역동적인 수레바퀴'라고 표현한 것은 여러 가지 의미를 담고 있습니다. 이야기의 고유 특성상 재미를 담보해야 함은 물론, 설명이 되어서는 안 되고, 이야기로서 자연스러워야 한다는 뜻입니다. 그러기 위해서는 매력적인 주인공도 필요하고, 때로는 돌발적인 사건이 펼쳐지거나, 뜻밖의 반전으로 독자의 시선을 사로잡아야 하겠지요? 이처럼 ES에서 이야기는 잘 굴러가는 수레바퀴처럼 무리 없어야 합니다. 정보와 결이 맞지 않아서 잘 굴러가지 않는 일이 생겨서는 안 된다는 걸 잊지 말아야 하지요.

물론 정보와 이야기가 정말로 원하는 만큼 잘 맞물려 돌아가기란 그리 용이한 일만은 아닙니다. 그래서 정보를 염두에 두지 않는 창작 동화와 다르고 복잡하지요. 말하자면 지금 쓰고 있는 작품이 서사 몰입형 ES가 될 것인지, 정보 돌출형 ES가 될 것인지는 전적으로 기획에 달렸습니다.

《살수대첩과 사라진 삼족오》(리틀씨앤톡, 2018)는 역사 판타지 동화 유형의 ES입니다.

현시대의 주인공 리우는 어느 날, 'Z'라는 미지의 인물로부터 '을지문덕 장군을 구하라'는 미션을 부여받습니다. 그리고 얼마 뒤 리우는 고구려 유적지가 있는 박물관을 찾았나가, 벽에 설린 〈살수대첩〉도 안으로 빨려 들어가 고구려 시대에 이르게 됩니다. 게다가 하필이면 수나라가 침략 중인 압록강 변으로 말입니다. 그리고 그곳에서 두루치치라는 또래의 아이를 만나고 전후의 상황을 확인하게 되지요. 그런 다음, 두루치치와 함께 적극적으로 을지문덕을 구하는 일에 뛰어들게 됩니다. 이 과정에서 리우는 고구려가 어떤 나라인지, 전쟁이 왜 일어났는지, 고구려의 기병들은 어떻게 싸우는지에 대한 이야기를 전해 듣습니다. 물론 이런 정보는 이야기 속에 하나의 모티프로 작용하고 있습니다. 결국 리우는 자신을 쫓는 붉은 거미를 따돌리고 아슬아슬하게 현실로 되돌아옵니다.

줄거리만 보자면 흔한 역사 판타지 동화로 보이기도 합니다. 그러나 이 작품은 ES를 목표로 하기 때문에 어떻게든 정보를 전달해야 합니다.

1차적으로는 인물 간의 대화 속에 정보가 들어 있습니다. 이 방법이 비교적 자연스럽고, 작가가 즐겨 사용하는 방법입니다. 작가의 직접적 설명으로 정보가 나열되면 너무 노골적인 정보 전달이 되니까요.

문득 전시실 안에서 보았던 살수대첩도가 생각났다. 그래서 리우는 언덕 아래에 빼곡하게 자리잡은 병사들의 막사를 다시 한번 쳐다보았다.

'그럼, 혹시 저 강이 살수……? 그럼 을지문덕 장군은?'

리우는 구덩이 바깥으로 머리를 내밀고 두리번거렸다. 그때 두루치치가 다시 입을 열었다.

"너 정말 모르는구나. 전쟁이 일어난 지는 좀 되었어. 612년, 수나라의 양제가 고구려를 침략했지. 수양제는 고구려가 마음에 들지 않았어. 왜냐하면 다른 주변의 나라들은 납작 엎드려서 수나라를 섬기는데 오로지 고구려만 수나라의 말을 듣지 않았던 거야. 그래서 혼내 주겠다고 생각하고 군사를 보냈지. 양제는 113만 대군을 모아 고구려를 침공했어. 우선 수나라 군대는 길목에 있는 요동성을 공격했지. 하지만 견고한 요동성은 끄덕도 하지 않았어. 고구려의 성 쌓는 기술이 아주 뛰어났던 데다가 고구려의 군사와 백성들이 똘똘 뭉쳐서 싸웠거든.

(중략)

결국 병사들은 자신이 가지고 있던 식량을 몰래몰래 버렸어. 너무 무거워서 빨리 진군할 수 없었기 때문이야. 낙오되면 죽음을 면치 못할 것이라고 장수들이 엄포를 놓았거든. 어쨌든 그런 채로 수나라 병사들은 바로 이곳 압록강 변까지 온 거야."

그렇게 말하면서 두루치치는 한 손을 들어 널따란 강 쪽을 가리켰다.

"그, 그럼 여기가 압록강?"

리우는 고개를 갸웃거렸다. 살수가 아니고 압록강? 아니, 그게 문제가 아니었다.

"정말로 내가 고구려 시대로 왔단 말이에요? 저 들판 아래 병사들은 수나라 병사들이고요?"

두루치치의 말에 리우는 깜짝 놀라서 되물었다. 그러자 두루치치는 오히려 리우가 이상하다는 듯한 표정을 짓고는 말을 이었다.

이 상황은 주인공인 리우가 갑작스럽게 타임 슬립한 곳이 어떤 곳인지, 그리고 어떤 상황인지를 모르는 상태에서 방금 만난 고구려 소년 두루치치에게 설명을 듣는 중입니다. 이렇게 사실 확인(정보)을 하는 순간, 리우는 매우 놀라고, 자신의 처지를 이해하게 되지요(서사성). 이 정보가 주인공의 다음 행동을 결정하게 합니다.

두 번째는, 사건의 관문을 통과해야 할 때 하나의 퀴즈처럼 정보를 제시합니다.

그런데 그때, 한쪽 벽에 걸린 유난히 큰 그림이 눈에 띄었다. 전쟁을 하는 장면이었다. 가까이 다가가 보니, 그림 아래에 '살수대첩도'라는 제목이 붙어 있었다.

그림 한가운데는 파란 강물이 흐르고, 그 강물 위에는 셀 수도 없이 수많은 병사들이 물에 빠져 허우적대고 있었다. 오른편으로는 말을 탄 장수 하나가 큰 칼을 쳐들고 공격 명령을 내리는 중이었고, 그 앞에는 서로 다른 복장을 한 병사들이 창과 칼을 맞부딪치며 싸웠다. 어찌나 생생한지 바로 앞에서 전투가 벌어지는 느낌마저 들었다.

리우는 그림 제목 아래쪽의 해설을 찬찬히 소리 내어 읽었다.

"수나라가 침략했을 때, 을지문덕 장군은 적의 병사들을 평양성까지 유인하여 지치게 한 다음, 그들이 후퇴하여 돌아갈 때 살수(청천강)의 물을 가두었다가 둑을 터뜨려 큰 승리를 거두었다. 이때, 살아 돌아간 수나라 병사들은 30만 명 중에서 고작 2900명에 불과했다……."

전혀 모르는 이야기는 아니었지만, 이토록 커다란 그림으로 보니, 왠지 눈앞에서 벌어지는 일 같아서 가슴이 막 두근댔다. 그래서 그림을 다시 올려다보았다. 한가운데서 칼을 뽑아든 장수를 유심히 살폈다.

이 장면 바로 다음, 주인공 리우는 〈살수대첩도〉 안으로 빨려 들어가 고구려 시대로 진입하게 됩니다. 그러므로 이 정보는 사건 진행의 길목에 놓여 있는 셈이지요. 이미 이 장면 직전에서 주인공 리우는 세 발 달린 까마귀를 쫓아왔고, 그 까마귀를 찾다가 이 그림을 유심히 보게 된 것입니다. 그러므로 서사적 긴장감이 높을 때이고, 정보에 대한 거부감이 덜한 지점이지요.

그러므로 여기까지 정보는 서사성의 틀을 크게 흔들지 않습니다. 즉 정보를 인물 간의 대화나, 사건의 틈바구니에 넣음으로써 서사 지수를 높여 서사성을 가까스로 유지했습니다.

그러나 세 번째 정보의 전달 방법은 조금 더 노골적입니다. 여기에는 청동 거울을 등장시킵니다. 별색을 통해, 삼족오 문양을 바닥에 깔아 놓음으로써, 그것이 정보임을 분명히 알 수 있게 해 주었지요. 이 부분에서 정보 지수가 높아지면서 ES의 특성을 전면에 내세웁니다.

그러나 이러한 노골적 정보 전달 방법이 흥미를 떨어뜨릴까, 우려하여 마치 태블릿으로 게임을 하는 형태를 취했습니다.

청동 거울이 나중에 또 어떤 역할을 할지는 알 수 없습니다. 그러나 현재 청동 거울에서 얻는 정보는 아이템을 얻는 것이고, 아이템은 쌓이고 있습니다.

어쨌든 청동 거울에는 고구려에 대한 일반적 정보가 서술되어 나옵니다. 그럼으로써 서사성에서 이탈하고 정보적 특성이 강화되지요. 그래서 이 책을 역사 동화로 읽던 독자는 이 부분에서 집중력이 떨어진다거나 가독성이 떨어진다는 평가를 내놓습니다. 이 작품을 역사 동화로 보았다면 당연한 지적입니다. 그러나 ES의 목적에 충실하기 위한 방법을 선택했기 때문에 서사적 완결성에 대한 흠결은 각오해야 하지요. 보다 더 서사 집중형으로 가고자 했다면, 적어도 청동 거울 식의 정보는 고려하지 않았을 것입니다.

더구나 이 청동 거울의 정보는 주인공이 일정한 시간을 보내야 할 때 등장합니다. 사건과 사건 사이의 다리 역할을 한다고나 할까요?

결국 장르적 특성을 포함하여, 이야기가 어느 방향으로 흐르든 작품의 완성도 역시 기획에 달려 있으며, 기획은 서사성과 정보 내용의 연결 고리입니다. 이 기획(성)에 의해 서사 지수와 정보 지수가 달라지고, 서사 몰입형 ES가 될지 정보 돌출형 ES가 될지 결정됩니다.

22

이야기를 만드는 방법–
스토리 해킹 / As If / Y=F$^{(x)}$

일반적으로 ES의 접근 방법이 동화 창작 방법론과 크게 다르지 않을 것이라 생각합니다. 그러므로 동화나 소설 창작의 ABC를 배우면 이야기를 만들어가기가 수월하다고 여기지요. 하지만 ES에는 작가의 상상력이 정보에 의해서 제한된다는 난점이 있습니다. 정보 전달이라는 고유의 목적이 있으므로 ES의 스토리는 보다 빠르고 역동적이면 좋습니다. 그래야만 정보 전달에 의해 지체될지 모르는 가독성이 제 호흡을 유지할 수 있습니다. 또한 캐릭터가 조금 너 특별하고 엉뚱한 편이 정보의 무게를 덜어 줄 것입니다.

지금부터 제시하는 창작 방법론은, 전혀 새로운 것이 아니며 다만 무엇보다 ES에 보다 빠르게 특화시키기 좋은 것입니다.

스토리 해킹

스토리 해킹은 말 그대로 다른 작가의 이야기에서 힌트를 얻는 것입니다. 이를테면 옛날이야기의 플롯을 참고하거나 주인공을 그대로 패러디하는 경우도 여기에 속하며, 유명한 이야기의 어떤 특정한 장면을 끌어와 재해석하는 방법도 이에 속합니다. 종종 배경만 끌어오기도 합니다. 에피소드 일부를 차용하는 예도 생각해 볼 수 있습니다. 그렇다고 저작권이 명백히 살아 있는 이야기의 구조를 함부로 빌려 와서는 안 됩니다.

스토리 해킹의 원리

옛날이야기나 신화 등이 스토리 해킹에 적절합니다(체크리스트 25 참고). 이러한 이야기들은 어린이 독자들이 가장 먼저 읽은 책 중의 하나로 독자 접근성도 높습니다. 이와 같은 스토리 해킹은 내 것이 아니라는 느낌이 강하기는 하지만 플롯의 구조를 알고 접근할 수 있기 때문에, 작가로서는 이야기를 전개시키는 수고를 훨씬 줄일 수 있습니다. 특히 플롯에 대한 이해가 부족한 신인 작가라면 플롯의 실체를 공부하는 데에도 큰 도움이 될 것입니다.

다음은 낮은 수준의 스토리 해킹으로, 완성도는 낮지만 입문하려는 작가 지망생들이 참고할 만한 글입니다.

어느 마을에, 참으로 부지런한 나무꾼이 있었어요. 오늘은 숲속 깊이 들어가 더 많은 나무를 해 올 생각이었지요. 나무꾼은 엉덩이에서 연기가 폴폴 나는 오래된 자동차를 타고 나무가 우거진 숲속에 도착했어요.

"옳지. 여기에 자동차를 세우고 점심부터 먹고 시작해야지."

마침 숲속 깊은 곳에는 커다랗고 깊은 연못이 있어서, 나무꾼은 그 옆에 자동차를 세우고 밥을 먹은 뒤, 나무를 베기 시작했어요. 그런데 이걸 어찌 할까요? 연못가는 경사진 곳이어서 어쩌다 보니 나무꾼의 자동차가 스르르 미끄러져서 연못 속에 빠지고 말았답니다.

"아이고! 하나밖에 없는 자동차인데, 이걸 어쩌면 좋아! 아무리 오래된 자동차라도 저게 없으면 안 되는데? 먼 장터까지 나무를 싣고 가려면 자동차가 꼭 있어야 하는데……."

나무꾼은 연못가에서 통곡을 했어요.

그런데 얼마나 시간이 지났을까요? 잔잔하던 물결이 일렁이더니, 그 속에서 산신령님이 나타났습니다. 그러더니 말했어요.

"나무꾼은 왜 그토록 슬피 울고 있는 것이냐?"

"신령님, 제가 그만 실수로 자동차를 물속에 빠뜨리고 말았습니다. 자동차가 없으면 저희 식구들이 굶어 죽을 겁니다!"

"허허! 딱한 일이로구나. 그렇다면 잠시 기다리거라."

그러더니 신령님은 물속으로 사라졌다가 다시 나타났어요.

"혹시 이 자동차가 네 자동차냐?"

그때, 신령님의 말과 함께 금색으로 번쩍거리는 자동차가 솟아올랐습니다. 그것을 보는 순간, 나무꾼은 잠시 욕심이 났어요.

'우와! 저렇게 큰 차를 타고 시내를 다니면 모두 부러워하겠지?'

하지만 나무꾼은 고개를 저었지요.

"아닙니다, 신령님. 그 자동차는 제 자동차가 아닙니다."

"허허. 그래, 그러면 이 자동차가 네 자동차냐?"

이번에는 은색으로 번쩍거리는 중형차가 물속에서 솟아올랐어요.

'앗! 저런 차만 타도 주막집 주모가 눈이 휘둥그레져서 볼 텐데!'

하지만 이번에도 나무꾼은 고개를 저었어요.

"신령님, 제 자동차는 비싼 것도 새것도 아니랍니다."

"허허, 그럼 이 자동차가 네 것이 맞느냐?"

이번에는 낡고 오래된 자동차가 떠올랐어요. 그러자 나무꾼은 밝은 얼굴로 대답했어요.

"맞습니다. 그 오래된 자동차가 바로 제 자동차입니다."

"오오. 과연 착한 나무꾼이로구나. 내가 너에게 이렇게 오래된 자동차 대신 전기 자동차를 선물하겠노라."

그러더니 잠시 뒤, 신령님이 도술을 부려 반짝반짝 빛나는 새 자동차를 연못가에 놓아 주었어요.

"신령님, 이건 못 보던 자동차이온데……."

"허허, 이 자동차는 대기 오염 물질과 온실가스 배출을 적게 하고 연료비까지 줄여 주는 착한 자동차니라."

"아이고, 신령님. 감사합니다. 이 은혜를 어떻게 갚을런지요?"

"은혜를 갚고 싶다면, 전기차를 널리 알리도록 하여라. 환경부에서는 전기차를 사면, 보조금을 지급해 줄 뿐만 아니라, 세금도 깎아 준다. 또한 공영 주차장을 이용할 때에는 이용료를 할인받을 수 있다고 전하거라!"

"꼭 그렇게 전하겠사옵니다."

"참! 전기자동차를 많이 타고 다닐수록 공기가 맑아져 건강에 도움이 되고, 석유 소비가 줄어 돈을 아낄 수 있다는 말도 잊지 말거라."

그 말에 나무꾼은 신령님에게 절을 꾸벅하고, 집으로 돌아왔어요. 그리고 마을 사람들은 물론 친구들에게도 전기 자동차에 대해서 상세히 알려 주었지요. 이후, 나무꾼도 연료비를 절약해서 더 부자가 되었고, 점점 전기차가 많아지자 마을의 공기도 깨끗해졌답니다.

이 이야기는 우리가 잘 알고 있는 전래 동화에서 해킹했습니다. 이럴 경우 큰 단점은 개성을 기대할 수 없다는 것입니다. 다소 유치해 보일 수도 있으며, 이미 알고 있는 이야기 구조라서 결말이 노출된다는 한계를 내포하고 있지요. 당연히 긴장감이 떨어질 것이며, 진부한 느낌을 줄 수도 있습니다. 작위적이라는 느낌을 지울 수 없겠지요?

반면 장점은 독자들이 이미 알고 있는 이야기여서, 접근할 때 낯섦이 없어서 손쉽게 이야기 안으로 진입할 수 있다는 점입니다. 짧은 ES나, 아직 이야기를 많이 접하지 못한 저학년 독자를 위한 ES를 쓸 때 활용하면 좋겠지요.

《물 마시다 배탈 난 호랑이의 물 이야기》(종이책, 2012)의 경우는 이야기의 출발점이 전래 동화의 한 부분을 닮았습니다.

한 숲속에 사는 호랑이는 자신이 숲속의 왕임을 뽐내기 위해서 동물들에게 누가 제일 무섭냐고 묻고 다닙니다. 물론 모든 동물들이 하나같이, "세상에서 호랑이님이 제일 무섭답니다"라는 말을 반복하지요. 그런데 유독 옹달샘에 사는 자라 한 마리의 대답은 다르지요. 뜻밖에도 자라는 "내가 제일 무서워하는 건 물이에요!"라고 말합니다. 그러자 화가 난 호랑이는 돌이킬 수 없는 잘못을 하게 되지요.

> 또먹어(호랑이 이름)는 연못 위쪽 절벽으로 올라가 바위를 굴렸어요. 흙더미를 마구 무너뜨리고 흙먼지가 날리고 사방이 누런 먼지로 뒤덮였어요.

"으아아아! 자라 살려 줘요!"

걸음이 느린 자라는 흙더미에 깔리고 말았어요. 또먹어는 앞발로 흙을
퍼내 자라를 꺼내 주었어요. 그리고 말했습니다.

"두고 봐! 난 물을 먹지 않고도 이틀이고 열흘이고 버틸 테니까. 세상에
서 누가 제일 무서운지 꼭 보여 주고 말 테야!"

전래 동화에서 흔히 발견할 수 있는 이러한 모티프는 결국 호랑이를
위기에 빠뜨립니다. 숲속의 옹달샘이 사라지자 그 물을 마시던 동물들
이 숲을 떠났고 그럼으로써 호랑이의 먹이도 사라지게 됩니다. 호랑이
는 오래지 않아 갈증과 배고픔에 시달리게 됩니다. 이후, 호랑이는 물의
요정을 만나 온갖 물과 관계된 여행을 하면서 물이 얼마나 소중한지를
깨닫게 됩니다.

다만 스토리 해킹이 용이하려면 꽤 많은 이야기를 알고 있어야 합니
다. 앞서 말했지만, 반드시 인풋이 있어야 아웃풋이 있습니다. 즉 정보
의 종류나 양에 따라 그것을 담아낼 만한 적당한 이야기를 찾아야 하는
데, 그렇게 하기가 쉬운 일은 아닙니다.

그러나 이야기의 특성상 많은 이야기를 알고 있으면, 이야기와 이야
기의 융합이 가능해져서 새로운 이야기의 창출도 가능하지요.

지금 스토리 시장에서 한참 인기를 얻고 있는 팩션, 또는 그러한 스타
일의 ES도 좋은 예가 될 수 있습니다. 앞서 예로 든 《살수대첩과 사라진
삼족오》도 비슷한 예이며, 《선덕여왕과 하늘을 달리는 말》도 이 예에 포

함될 수 있습니다.

《선덕여왕과 하늘을 달리는 말》은 '선덕여왕 집권기에 귀족 비담이 스스로 왕이 되고자 반란을 일으켜 한동안 명활성을 점령하였고, 이에 김유신과 김춘추가 여왕을 도와 반란을 진압했다'는 실제의 역사적 사건을 해킹하여 이야기의 큰 틀—사실상 플롯의 역할—로 삼았습니다. 실제로 대부분의 팩션은 이처럼 역사 속의 한 사건의 플롯을 가져와 이야기의 틀로 삼는 경우가 많습니다.

그렇다면 어떤 이야기를 해킹하는 것이 좋을까요?

물론 정답은 없습니다. 전달하려는 정보와 밀착될 수 있고 플롯 자체가 복잡하지 않은 것이 우선입니다. 다만 앞에서도 말했지만, 전개가 빠르고 모험과 미션이 풍부해서 독자들이 정보를 받아들이는 일 자체를 그 과정에서 놀이로 즐길 수 있어야 합니다.

As If~

어떤 이야기가 호기심을 끌게 되는 많은 조건 중 하나는, '평범하지 않다'는 것입니다. 인물이 비범한 능력을 가지고 있든지, 아니면 한 번도 가 본 적이 없는 환상적 공간에서 벌어지는 일이라든지, 하는 것들이지요. 러시아의 연출가 스타니 슬라브스키가 모든 이야기의 시작은 바로 'as if'에서 비롯된다고 했는데, 평범함을 단숨에 낯섦으로 바꿀 수 있는 가정법이지요.

첫째, '만약 내가 마녀라면?'

둘째, '만약 지금 눈앞에 공룡이 나타난다면?'

첫째 질문에 대한 대답을 마인드맵해 봅니다. ……마녀라면 하늘을 날아다닐 수 있겠지? 몰래 날아다니면서 나쁜 짓을 하는 도둑들을 잡아 볼까? 새를 따라가 봐야겠어. 아니야, 마법을 부려서 내가 새가 될 거야. 몰래 독수리 둥지에 들어가서 독수리 새끼들이 어떻게 자라는지 보고 싶어…….

이처럼 상상은 꼬리에 꼬리를 물고 계속될 것입니다. 물론 둘째 가정에 대한 대답도 마찬가지겠지요. ……일단 달아나야 해. 바위틈으로 숨을까? 아니야. 둘리처럼 작은 초식 공룡이라면, 친해질 수도 있지 않을까? 익룡을 잘 구슬러서 타고 다니는 거야…….

그런데 가만히 보면, 첫째 질문과 둘째 질문은 약간 차이가 있습니다.

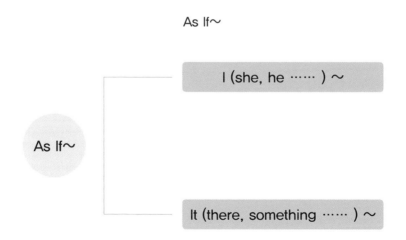

As If~

As If~

I (she, he ……) ~

It (there, something ……) ~

첫째 질문은 인물에 대한 가정이고, 둘째 질문은 사건에 대한 가정입니다. as if는 이렇게 두 가지 양상으로 전개시킬 수 있습니다.

첫 번째는 인물을 가정하는 것이지요. '내가 만약 ~라면…….' 혹은, '그(그녀)가 만약 ~라면…….'과 같은 것인데, 인물에게 어떤 특별한 능력을 주거나, 특이한 버릇, 남들과는 뚜렷하게 구분되는 성격 등을 부여하는 방법입니다. 이처럼 조건 하나만 변경해 주어도 그 인물이 (예상할 수 없었던) 수많은 사건에 처하도록 만들 수 있습니다.

두 번째는 주인공에게 아예 낯선 사건 하나를 겪도록 하는 것입니다. 어차피 이야기란 사건의 연속이고 독자는 그 과정을 즐기는 것이니까요. 그 낯선 사건은 주인공이 가만있지 않게 해 줄 것이며, 주인공이 역동적으로 움직이면 이야기는 자연스레 흥미진진하게 됩니다.

물론 as if를 시도할 때 그 조건은 구체적일수록 좋습니다.

가령 '그녀가 평소에는 보통 사람과 다름없는데 어느 날 성격이 나빠졌다면?'과 같이 두루뭉술하거나 추상적인 것보다는, '그녀가 평소에는 보통 사람과 다름없는데, 커피만 마시면 성격이 나빠지는 사람이라면?'이 더 낫고, 또 그보다는 '그녀가 평소에는 보통 사람과 다름없는데, 커피만 마시면 욕을 하는 사람이라면?'이나, '그녀가 평소에는 보통 사람과 다름없는데, 커피만 마시면 특히 웃는 사람에게만 시비를 건다면?'이 더 낫습니다. 그렇게 하면 이후의 마인드맵 과정을 훨씬 디테일하게 전개할 수 있습니다.

거미에게 물린 뒤 초능력을 얻게 된 스파이더맨이나, 하늘을 나는 슈

퍼맨 등이 모두 이렇게 탄생하지 않았을까요? 사실, 《영웅 출동! 광대한 땅을 구하라》(하루놀, 2018)의 경우도 마찬가지입니다. 한 온라인 서점에서는 이 책을 '북아메리카 대륙에 자리한 로키산맥에는 커다란 비밀이 있습니다. 바로 그곳에 자리하고 있는 '신들의 정원'이지요. 신들의 정원에는 신들에 버금가는 영웅들이 살고 있습니다. 이 영웅들은 북아메리카 지역 인간들의 세계를 내려다보며 그들에게 위기의 순간이 다가오면 가서 구해 주곤 합니다. 이번에는 어떤 위기의 순간에 슈퍼 영웅이 나타날 것인지, 흥미진진한 이야기 속으로 함께 들어가 보아요!'(교보문고)라고 소개하고 있습니다. 말 그대로 《영웅 출동! 광대한 땅을 구하라》는 북아메리카 지역의 지리적 정보를 알려 주는 책으로, 자연재해가 덮친 곳에 영웅이 나타나 사람들을 구해 주는 스토리와 함께 진행됩니다. as if는 이처럼, 판타지나 SF와 같은 비현실적 인물을 만들어 내는 데에 특히 효과적입니다.

　사건의 경우도 마찬가지입니다. '도둑이 든다면?'처럼 가정하는 것보다는, 구체적인 시·공간을 설정하는 편이 훨씬 낫습니다. '밤 12시쯤에 우리 집에 도둑이 든다면?'처럼 말이지요. 여기에 조건을 한두 가지 더 추가해 봅니다. '엄마 아빠가 여행을 떠나서 집에는 동생과 나 둘밖에 없는데 12시쯤에 도둑이 들었다면?' 이런 식으로 가정이 구체적일수록 이후의 사건 방향이 분명하게 정해집니다. 물론 '~도둑이 들어 우리를 위협한다면?'이라는 설정을 보태면 긴장감이 더 높아지겠지요? 이야기는 추상성을 넘어서 구체성을 확보할 때, 완성도가 높아집니다.

《스토리텔링으로 만나는 우리 문화유산 이야기》(좋이책, 2013)는 제목처럼 우리나라의 유·무형 유산을 스토리텔링으로 안내해 주는 책입니다. 탈, 색동저고리, 가야금, 청자 등이 그 소재입니다. 이 중 6번째 꼭지는 '신들의 전쟁'으로 우리의 집(한옥)을 지킨다고 알려진 세 신—성주신, 조왕신, 업신—을 소재로 하고 있습니다.

이 이야기의 출발점은, '만약 우리 집을 지켜 주는 세 신이 다툼을 벌인다면?'입니다. 마침 안방에 살던 성주 영감(성주신)이 조왕 할멈(조왕신)을 부엌데기라 부르며 먹을 것을 달라 하고, 이에 조왕 할멈은 노여워하며 싸우기 시작하지요. 이를 듣고 있던 업도령(업신)이 끼어들어 둘을 이간질하면서 싸움은 점점 커집니다. 항상 헛간에만 있던 업도령이 따뜻한 안방을 차지하기 위해서 벌인 일이었지요. 그러나 싸움은 예상 밖으로 흘러갑니다. 조왕 할멈이 일을 하지 않자, 추워진 성주 영감은 조왕 할멈이 다루던 불씨를 훔치려 하고, 그러다가 집에 불이 나고 맙니다. 이에 뒤늦게 잘못을 깨달은 세 신은 합심하여 불을 끄고, 다시 집을 지으면서 마무리됩니다. 이런 엉뚱한 싸움을 통해서 독자는 한옥에 깃들어 있다는 세 신에 대해 이해할 수 있습니다.

as if는 특히 '상상력이 부족하다'는 두려움에 시달릴 때 시도해 보면 좋습니다. 왜냐하면 단순한 발상 같아도 이 방법은 엉뚱하거나, 기발하거나, 생각하지도 못한 경우의 수를 창출해 내는 데에 유효하기 때문입니다. 이러한 것들은 어린이 독자가 즐기는 내용이기도 합니다.

플롯을 패러디하라

유명한 이야기를 해킹하면, 독서 수준이 높지 않은 어린이 독자들도 유인하기 쉽다. 그래서 이처럼 전래 동화나 명작 동화의 패러디는 저학년용 ES를 개발할 때 종종 사용하곤 한다. 창작이 아니라 유치해 보일 수도 있으나, 막 입문하는 작가에게는 플롯을 연습할 때 도움이 된다. 그러나 위의 경우처럼, 아무리 전래

동화라도 현실적 격차가 너무 클 때는 자제하는 것이 좋다. 위 그림은 환경부 공식 블로그에서 캡처했다.

링크 참조. blog.naver.com/mesns/220723255041

Y=F(*x*)

ES 작품 상당수에는 독특한 캐릭터가 많이 등장합니다. 평면적인 캐릭터라고 하더라도 특이한 버릇이나, 약간은 해괴한 외모, 특별한 능력을 가진, 그래서 독자의 흥미를 끌만한 요소를 가지고 있는 캐릭터가 등장하지요. 캐릭터를 전면에 배치하는 이유는 앞에서도 말했지만, 이런 캐릭터의 좌충우돌하는 사건의 재미를 통해서 정보 전달이라는 무거운 미션을 다소 상쇄시키기 위해서입니다.

〈노빈손〉 시리즈의 노빈손이 대표적이고, 《아인슈타인 아저씨네 탐정 사무소》를 시작으로 《다윈 아저씨네 수상한 박물관》, 《장영실 아저씨네

발명 만물상》(주니어김영사, 2015) 등의 시리즈는 실제 과학자를 패러디하여 시간과 장소를 현재로 옮겨 놓았습니다. 그럼으로써 독특한 캐릭터가 만들어지고 있습니다.

　몇몇 해외 작가가 제시한 이 뜻밖의 함수 공식은 바로 이러한 새 캐릭터를 만들어 내는 공식입니다. 우리 주변의 모든 인물을 샘플로, 그들을 리모델링한다고 생각하면 됩니다.

$$Y=F(x)$$

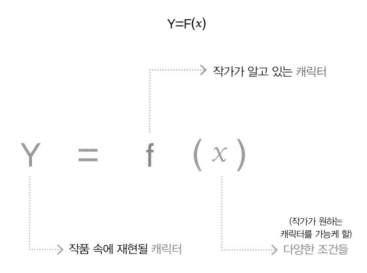

　Y는 작가가 궁극적으로 만들어 내고 싶은 캐릭터입니다. 그리고 f는 작가가 알고 있는 인물입니다. 주변의 인물, 혹은 어느 책이나 영화에서 본 인물이어도 괜찮고, 가까운 사람이 이야기로 들려준 또 다른 실존 인

물이어도 상관없습니다. Y를 만들기 위한 기본 모델이 될 수 있으면 됩니다. 예를 들어 작가가 궁극적으로 만들고 싶은 인물(Y)이 아주 특이한 의사라면, f는 내가 잘 다니는 병원의 의사여도 좋고, 드라마 〈굿 닥터〉의 주인공이어도 상관없습니다. 혹은 친구가 '내가 어느 병원에 갔는데 말이야. 그 병원의 의사가 참 희한하더라…….'라며 떠벌린 인물이어도 좋습니다. f는 자신이 목표하고 있는 인물과 가장 가까이 있다고 생각되는 인물이 선택되면 됩니다.

문제는 x 값입니다.

x 값은 f가 갖고 있지 않은 요소를 대입하는 것입니다. 그 무엇이라도 상관없습니다. 간단하게는, f가 여성이라면 x 값에 '매우 남성스러운'이라는 조건을 추가합니다. 그러면 Y는 '여성이지만 매우 남성적인 성격을 가지고 있는 사람'이 되겠지요. 외모적 특성을 추가하면 어떨까요? 20대 여성(f)인데 대머리(x)라거나, 겉으로 보기에는 12~14세 쯤으로 보이는 아이(f)지만 사실은 어른(x)인 경우는요? 시각장애인(f)이지만 후각이 아주 발달(f)하여 상대의 특성을 후각으로 모두 파악하는 인물도 매력 있지 않을까요?

그러나 앞서 말한 것처럼, f도 그렇고 x 값도 구체적일수록 좋습니다. 가령 f를 백설공주로 설정하고, x 값에 나약한 여성적 특성 대신에 〈툼레이더〉의 주인공 같은 '걸크러시'한 인물을 대입하면 어떨까요? 그럴 경우, 어쩌면 백설공주는 난장이의 보호도 필요 없을 것입니다. 도리어 난쟁이들을 이끌고 계모의 음모에 대항하여 아버지의 왕국을 되찾는 기개

를 보여 줄지도 모릅니다. 즉 기존 인물의 조건 하나만 바꾸어도 전혀 다른 이야기를 창조할 수 있는 계기가 된다는 뜻입니다.

《보일 아저씨네 유리 온실》(주니어김영사, 2019)의 곱슬머리 아저씨는 어떻게 만들어졌을까요? 원래 이 아저씨의 정체는 과학자 보일(f 값에 해당함)입니다. 그러므로 기체에 대한 상당한 지식이 있지요. 그러나 보일에 관한 상세한 성격은 알려진 바가 없으므로, x 값을 여러 가지로 대입해 봅니다. 기체 연구에 관한 사명감은 기본이고, 여기에 더하여 순진하면서 바보스럽고, 또한 한편으로는 모험심도 있습니다.(x 값에 해당) 실제로 주인공 도한기가 만난 곱슬머리 아저씨는 미래 세계에서 혼자 기체를 연구하는 미스터리한 인물입니다. 얼결에 지구 온난화로 인해 해수면이 상승되고 상당수의 육지가 물로 뒤덮인 세계로 빠져 버린 주인공 도한기가 마주하게 된 이 미스터리한 인물 때문에, 정보에 대한 거부감이 상당 부분 상쇄될 수 있습니다.

《갈릴레오 아저씨네 비밀 천문대》의 갈릴레오 역시 현대로 소환되면서 재미있는 캐릭터가 되었습니다. 주인공 아이들과의 대화 속에 그 내용이 있어서 한결 흥미롭습니다. 주인공의 한 명이자 학교 짱인 중훈이가 처음 만난 갈릴레오는 '검은 망토를 머리부터 발끝까지 둘러썼고, 얼굴에는 콧수염과 턱수염이 더부룩'한 모습으로, '눈빛이 매우 험상궂어서 마치 저승사자와 나쁜 주술을 부리는 마법사를 합쳐 놓은 모습'으로 표현됩니다.

어느 날, 중훈이는 자신이 괴롭히던 지욱이가 사라진 뒤 홀로 떡볶이를 먹다가 바로 이 낯선 아저씨(갈릴레오)에 의해 낯선 연구실로 이끌려갑니다. 그러고는 그 연구실 책상에서 그가 다름 아닌 갈릴레오라는 사실을 알게 되지요.

"갈릴레오 갈릴레이?"
책상 위에 있던 노트를 넘기던 중훈이가 노트에 적힌 글씨를 따라 읽었다.
"혹시 이게 아저씨의 이름인가요?"
"그래, 갈릴레오라고도 부르고 갈릴레이라고도 부르지."
"아저씨 이름이 참 재미있네요. 양쪽에서 '갈릴레'를 빼면 '오'와 '이'니까, '오이'가 되는데요?"
"그러고 보니 아저씨의 얼굴이 길쭉한 오이를 닮았어요."

이 작품에서는 갈릴레오 갈릴레이의 외모를 흥미롭게 재창조함으로써 앞으로 전개될 이야기에 더욱 궁금증을 자아내게 하고 있습니다.

이 시리즈는 대체로 이와 같은 방식으로 인물을 재설정하여 독특한 캐릭터를 완성했습니다.

x 값의 활용

《노빈손, 사라진 훈민정음을 찾아라》는 출시 당시 이미 정해진 캐릭터가 있었다. 그는 20대이며 외모는 참으로 볼품없고, 심지어 머리카락은 두 가닥밖에 보이지 않는다. 무식해 보이고, 겁이 많으나, 이따금씩 아주 빛나는 아이디어를 내놓아서 사건 해결의 실마리를 제공하는 캐릭터이다. 그러므로 이후 작품을 쓰는 모든 작가가 정해진 캐릭터대로 묘사해야 했다. 그러나 '훈민정음' 편에서는 소소하지만 주인공 노빈손에게 한 가지의 x 값을 추가하였다. 긴장하면 손에 땀을 흘린다는 설정인데, 이로 인해 노빈손의 궁극적인 성격은 변화하지 않았지만 조금 더 흥미로운 캐릭터를 만들 수 있었다.

23

스토리보드에서
플롯보드까지

포스트잇으로 스토리보드 만들기

포스트잇 스토리보드는 드라마 작가나 구성 작가가 많이 사용하는 방법 중 하나입니다. 스토리를 어떻게 만들지 아무것도 모를 때, 가장 먼저 접근하는 방법이기도 합니다.

어떤 이야기의 아이디어가 떠오르면 전체 줄거리를 대략적으로 기록한 뒤 포스트잇 한 장에 한 장면씩 기록합니다. 그러고는 무작위로 배열합니다(A). 이때 포스트잇 한 장은 한 공간에서 일어나는 단일한 사건일수록 좋습니다. 이렇게 적다 보면 포스트잇은 수십 장이 되기도 합니다.

무작위로 늘어놓은 포스트잇은 하나씩 확인한 뒤에 사건이 일어난 순서, 즉 시간 순으로 배열합니다(B). 이것이 스토리보드이자 줄거리입니다.

스토리보드 만들기

대체로 어린이책의 이야기 전개는 시간 순으로 배열된 경우가 많으므로, 스토리보드가 곧 플롯이 되기도 합니다. 그러나 극적인 구조로 변형하기 위해 시간 순 배열을 흩뜨리는 경우가 동화에도 종종 있고, 소설에서는 흔한 일입니다. 매우 인상적인 특정 사건(장면)을 전면에 배치하여 호기심을 자극하는 경우이지요. 그러기 위해서는 사건을 시간 순 배열로 해서는 안 됩니다. 어떤 사건은 필연적으로 과거의 일이 되어, 현재 진행 중인 사건의 회상 장면으로 들어가야 합니다. 이를 위해 장면을 뒤섞습니다(C). 작가가 이 순서대로 서술하기 위한 계획서가 되는 이것을 이제부터 '플롯보드'라고 부르겠습니다.

플롯보드는 장편 ES를 쓸 때 꼭 필요합니다. 무리하지 않는 수준에서 시간 순서를 재편성하기 위해서도 있어야 하지만 무엇보다 ES는 정보가 들어갈 위치를 결정하는 것이 핵심이기 때문에 이러한 플롯보드는 만들어 두어야 합니다. 아니, 동화나 소설의 경우에도 플롯보드는 필요합니다. 원고지 400매(고학년 장편 동화)을 넘어서 700매(청소년 소설), 혹은 1000매(성인 소설)까지 써야 하는데, 언제까지 그때그때 떠오르는 직관에 의존해야 할까요? 쓰다가 생각이 나지 않으면 멈추고, 또 생각나면 쓰기를 반복하는 방법은 얼마나 비효율적인지요. 플롯보드는 자신이 쓰려는 글에 대한 디테일한 계획서이고, 이러한 기획 마인드는 자신의 작품을 전체적으로 지배하려는 의지의 표현이기도 합니다.

구체적인 플롯보드는 이야기의 전반적인 셋업 과정입니다.

물론 완성된 모든 글이 플롯보드에 기록한 대로 100% 일치하지는 않습니다. 작가는 집필하는 과정에도 종종 새로운 아이디어를 생각해 내니까요. 다만 플롯보드를 사용하면 애초에 의도했던 바와 다른 방향으로 갈 가능성은 최대한 방지할 수 있습니다. 왜냐하면 적어도 플롯보드는 장별로 자신(작가)이 무엇을 써야 하는지를 알려 주기 때문입니다. 디테일은 변할 수 있지만 목적지는 변하지 않습니다.

자신의 직관만 믿고 글을 쓰는 작가들이 (특히 긴 글을 쓸 때) 자주 멈추고, 다시 생각해서 쓰기를 반복하는 것은 70년대식 작가 흉내일 뿐입니다.

첨삭형 플롯보드

포스트잇 플롯보드에 익숙해지면 첨삭형 플롯보드를 활용합니다. 첨삭형 플롯보드는 말 그대로, 집필 과정 중에도 디테일을 보완하기에 용이하고, 이동성 측면에서도 편리합니다.

제목		보일 아저씨네 유리 온실 / 보일 아저씨네 기체 연구소	
등장 인물 (A)	도한기	초등 5학년. 비만 어린이. 78kg, 공부는 그런대로 잘한다. 먹성이 좋고, 먹는 것을 밝힌다. 별명은 또 한끼! 특히 햄버거 같은 패스트푸드와 콜라와 같은 탄산음료를 좋아한다. 5월에 전학 온 나예봄을 좋아한다. 그러나 예봄이는 뚱뚱한 도한기와 거리를 둔다.	
	나예봄	예쁜 여자아이, 그림을 잘 그린다. 웹툰 작가가 꿈.	
	곱슬머리 아저씨 (보일)	섬에 유리 온실을 짓고 혼자 산다. 과학자이며 기체 연구를 하고 있다. 기체 연구에 대한 이상한 사명감을 느끼고 있으며, 도한기가 보기에는 이상한 행동과 우스꽝스러운 짓을 많이 한다. 성질이 차분한 듯 급하고, 순진한 듯 바보스럽기도 하다. 조금은 무모한 데도 있다. 도한기는 아저씨 이름이 보일인 것을 알고 놀린다.	기타 돈키호테 같은 수비 대장, 가오리 마스크를 한 세금 징수원, 도한기의 라이벌인 이준기 등.
	방귀쟁이 아저씨	젖소를 키우는 보일의 친구. 우유를 판매하고 마을 수비대와도 친하다. 보일의 부탁으로 도한기의 이모가 어디로 붙잡혀 갔는지 알아낸다.	
	동글이 아저씨	열기구 전문가. 도한기와 곱슬머리 아저씨에게 열기구를 제공하고 위기에서 구해 준다.	
	이모	예쁘게 생겼다. 햄버거를 팔다가(사다가) 붙잡혀 고성에 갇힌다. 알고 보니 보일 아저씨와 살짝 호감을 느끼는 사이이다.	
배경 (B)	판타지 공간	지구온난화 및 그로 인한 블랙아웃 이후의 지구 모습을 기본 설정으로 한다. 2088년 정도. 그러므로 전기를 사용할 수도 없고, 마치 중세 시대 생활 모습을 닮았다. 도한기에게는 매우 이상하고 알 수 없는 마을이다. 계곡과 호수-해수면이 높아짐으로써 지대가 낮은 곳은 물에 잠겼고, 곳곳에 호수가 많이 생겼다. 둥근 모양의 비닐하우스(또는 유리 온실)가 호수 한가운데에 떠 있음-이곳이 보일 아저씨네 온실-이곳도 해수면이 높아져서 섬처럼 만들어진 것이다. 서쪽에 범법자를 가두어 두는 성곽 같은 곳이 있으며 그 너머에 도심이 있다.	

집필 방향→ 장은 재정비 ↓	판타지로 자유분방하며 가볍게 읽을 수 있도록 한다. 캐릭터를 대부분 코믹하게 그리고 '소동을 벌이는' 방식 의 전개를 유지한다. 빠른 전개를 통하여 흥미와 가독성을 유발한다.	과학 이론 ↓ (보완 수정될 수 있음)
1	6월 중순, 때 이른 폭염. 비만 소년 도한기는 땀을 뻘뻘 흘린다. 체육 시간. 친구(조금 허약해 보이는 반 아이)와 팔씨름한다. 그런 데 마른 친구에게 진다. 달리기도 진다. 예봄이가 비웃는 것 같다. 조금 무리해서 뛰었더니 호흡 곤란이 온다. 화장실 청소 중. 예봄이와 다른 여자아이가 이야기하는 소리를 엿 듣게 된다. "도한기 괜찮은 아이 같아. 살만 좀 빼면 좋을 것 같은 데." 그 말에 도한기는 충격을 받는다. 집으로 돌아온 도한기, 시골에서 이모가 올라왔다. 그러나 시무룩 해져서 아는 체하다가 만다. 이모가 자초지종을 알고, 방학 때 시 골로 내려오라고 말한다. (C)	도한기가 지나치 게 헉헉대자, 친 구(또는 예봄이)가 부채질을 하자 바 람이 일어난다. 시 원하다. 바람은 공 기의 움직임 때문 이다. 공기의 움직 임을 바람이라고 부른다. (D)
2	시골로 가는 비바람이 몰아치는 기차 여행길, 터널로 들어간 기차 가 갑자기 멈춘다. 안내에 따라 터널에서 내려 걸어가다가 환한 곳에 나오니 낯설고 수상한 마을이다. (☞ 판타지 시작) 멀리서 이모를 목격, 뛰어간다. 그런데 느닷없이 이모가 마을 수 비대(경찰의 역할)에게 체포된다. 도한기는 얼결에 경찰에 반항하 고 막 발버둥친다.(이모는 도한기에게 주려고 식물성 고기를 사용 해 햄버거를 만들었다. 라고 나중에 진술한다.) 이때 긴 곱슬머리 아저씨(보일)가 나타나서 구해 준다. 그가 말한 다. "네 이모는 악마의 음식을 가지고 있었어. 일단 여기를 피해야 해!" 무슨 말이냐고 묻자, 탄소 발자국 이야기를 한다. 이어 곱슬머리 아저씨는 일단 도한기를 자신의 집으로 데려간다. 곱슬머리 아저씨의 집은, 호수 한가운데 있다. 배를 타고 건넌다. 원래는 언덕 위의 집이었는데, 지구온난화로 주변이 물에 잠기면 서 섬이 되었다. 라고 설명해 준다. "상천리 99번지예요. 마을 앞에 커다란 강아지 동상이 있었는 데?" / "상천리? 강아지? 아, 80년 전쯤에 그렇게 불린 마을이 있 었지. 비로 이 물 밑에." 마을 사람들은, 보일의 집을 '곱슬머리 아저씨네 온실'이라고 부 른다.	탄소에 대한 이야기

플롯보드에서 캐릭터를 상정해 두는 것(A)은, 집필 과정에서 자신이 설정한 캐릭터를 일관되게 묘사하기 위해서입니다. 특히 장편을 오랜 기간 쓸 때에는 작가도 이따금씩 자신이 설정한 캐릭터가 어떤 성격인지 놓칠 때가 많습니다. 앞에서는 틀림없이 우유부단하고 결정 장애가 심한 캐릭터로 상정했는데, 어느 순간 어느 장면에서 중요한 일을 쉽게 결정해 버리기도 하지요. 그럴 경우 일관성이 떨어지는 건 물론이고, 수정 단계에서 발견된다면 상당 부분의 원고를 수정해야 하는 일이 생길 수도 있습니다.

전체적 배경이나 줄거리를 미리 작성해 두는 것은 자신의 작품이 가야 할 지도를 미리 그려 놓는 일입니다. 특히 작가에게 낯선 공간일 수밖에 없는 SF 또는 판타지, 역사 장르의 경우에는 자세할수록 좋습니다. 가능하다면 그림을 그려 공간 정보를 표시해 두는 것도 필요합니다.(B)

플롯보드의 핵심은 각 장을 정하고, 그 안에 들어갈 세부 사항을 채워 넣는 일입니다(C). 시나리오에서는 이 각각의 장을 시퀀스라고 하는데, 하나의 시퀀스는 한 가지 이상의 장면으로 구성됩니다. 또한 각 장은 서로 비슷한 분량이면 좋습니다. 어느 장은 짧고, 어느 장은 지나치게 길다면 이야기의 완결성을 해치는 일이 될 테니까요.

이와 아울러 각각의 장에 정보가 어우러져야 합니다(D). 각 장에는 어떤 종류의 정보를 넣을 것인지 미리 상정해 둔다면, 써 가면서 '이 정보를 여기에 넣는 것이 나을까?', '이 정보가 여기에 들어가는 게 맞는 것일까?' 따위의 고민을 할 필요가 없을 것입니다. 또한 이 부분을 통해서 서사 지수와 정보 지수를 조절하여, 자신의 ES가 원하는 정도의 수준(서사 몰입형으로 나아갈지, 정보 돌출형으로 나아갈지)을 유지하는 데도 도움을 줄 수 있습니다.

체크리스트 ⑳

집필을 시작하는 시점은?

플롯보드는 구체적인 집필 안내서이므로 디테일할수록 길을 잃지 않는다. 집필 중 공백 간격이 생겨도 곧바로 이어 나갈 수 있다는 장점도 있다. 다만 어떻게 끝낼 것인가에 대한 확신이 서기 전까지는 집필에 들어가지 않는 것이 좋다. 끝을 모르고 출발하면 엉뚱한 곳에 도착할 수 있으니 '완벽한 끝'이 보일 때까지 플롯보드를 계속 보완해 나가야 한다. 완벽한 플롯보드는 집필 시간을 줄여줄 것이다. 이전 쪽의 플롯보드와 출간된 책을 비교해 보면 플롯보드의 중요성에 대해서 알 수 있다.

24

에듀테인먼트 스토리텔링에는
어떤 인물이 필요한가

프로타고니스트(protagonist, 주동 인물)

재미있고 독특한 캐릭터를 만들어야 한다는 점에서 창작 동화의 주인공과 다를 게 없지만, ES의 주인공은 정보를 전달하려는 목적을 가지고 있으므로 조금 더 전략적으로 접근해야 합니다. 그래서 주인공을 작가의 목적 실현을 위해 주도적으로 움직인다는 의미로, 소설에서 그러하듯 주동 인물이라 불러도 좋을 것입니다.

그런데 정보 전달자로서 프로타고니스트가 해당 정보를 모두 알고 있을 필요는 없습니다. 전혀 알지 못하는 편이 더 나을지도 모릅니다. 도리어 ES 작가는 정보에 대해 전혀 무지한 인물을 선택하지요. 왜냐하면 너무 똑똑한 인물은 작위적인 느낌이 강하게 들 테고, 이런 인물은 평범한 독자에게 그다지 매력적인 인물이 되지 못합니다. 《노빈손, 사라진 훈민정음을 찾아라》의 노빈손은 청년임에도 조금 모자란 듯한 외모일 뿐만 아니라, 그 때문에 놀림을 받기도 하고, 지적 수준도 높지 않습니다. 그런데 노빈손은 이 시리즈에서 번번이 재기발랄하게 사건을 해결하지요. 어린이 독자는 이러한 (독자 자신보다 조금 못한 듯한) 인물을 선호합니다.

독자 상당수는 주인공에 감정 이입하므로, 자신보다 못한 주인공을 응원하면서 그가 미션을 완성하는 순간까지 함께할 것입니다.

전혀 정보에 무지한 인물이 사건이 진행되면서 더욱 적극적인 인물로 변해 가는 극적 구조를 취하는 게 좋다는 뜻입니다. 이런 인물은 흔히 말하는 대로 입체적 인물이라고 하며, 입체적 인물은 이야기의 긴장감을 더해 줍니다.

프로타고니스트에게는 다만 약간의 지적 호기심이나 모험심을 부여하면 됩니다. 그게 아니라면 미션을 부여하면 되겠지요─미션을 수행해야 집에 돌아갈 수 있다든지 하는 식입니다.

《선덕여왕과 하늘을 달리는 말》(리틀씨앤톡, 2018)의 리우와 라나는 경주의 천마총에 들어갔다가, 갑자기 나타난 백마(천마총의 벽화에 그려진 말)를 타고 과거(신라 시대)의 세계로 빠져 들어갑니다. 이때 당황해 하는 리우에 비해 라나는 적극적으로 자신이 처한 상황에 맞서려 합니다.

무슨 소린가 싶어서 리우는 잠시 귀를 기울였다.

"아무튼 여자가 문제야. 아무리 남자 중에 성골이 없기로서니 어떻게 여자가 왕을 한단 말이야?"

"그래서 백성들도 비담 어른을 왕으로 추대하자, 이런 소리들을 하고 있는 거 아니냐고."

"거 예로부터 암탉이 울면 집안이 망한다잖아. 아무렴 여자보다는 비담 어르신이 낫겠지."

성골이 어떻고, 비담이 어떻고 하는 소리는 알아들을 수가 없었다. 그래서 갸웃거리는데 문득 라나가 앞으로 나섰다.

"도대체 여자가 뭘 어쨌다는 거예요? 암탉이 울면 집안이 망한다니요?"

갑자기 뛰어든 라나의 말에 아저씨들은 어안이 벙벙한 표정이었다. 느닷없는 말에 당황하는 눈치였다.

"근거도 없이 여성을 비하하고 나쁘게 말하는 건 정말 비겁한 짓이에요."

아저씨들이 잠시 머뭇거리자 라나는 한마디 더했다.

"저, 저…… 너 지금 뭐라고 하는 게냐?"

"뉘 집 자식이냐? 차림도 요상하고, 어른들 앞에서 무슨 돼먹지 못한 짓이냐?"

마침내 평상 가장 안쪽에 앉았던 아저씨 둘이 라나를 가리키며 입을 열었다.

"돼먹지 못하다니요? 여자들을 함부로 욕한 것부터 사과하세요!"

"뭐, 뭐라고? 저런 버르장머리 없는 것 같으니라고!"

아저씨들의 얼굴이 붉으락푸르락해졌다. 아무래도 안 되겠다 싶었다.

리우는 얼른 달려가 라나의 팔목을 잡아끌었다.

"라나야, 지금 뭘 하는 거야? 여긴 우리가 사는 곳이 아니야. 옛날이라

고! 게다가 상대는 어른들이야."

"아무리 그래도 옳지 않은 건 옳지 않다고 말해야지."

"알았어. 알았으니까, 잠시 이리 좀 와 봐."

리우는 겨우 라나를 데리고 국밥집에서 나왔다.

신라 선덕 여왕 시대, 백제의 공격이 잦아지며 민심이 흉흉해지자 사람들은 왕이 여자인 것을 탓하기만 합니다. 그리고 그 틈에 신하 중 한 사람인 비담이 반란을 일으키려는 중이지요. 바로 이렇게 위험한 중에도 라나는 어른들에게도 적극적으로 자신의 생각을 이야기합니다. 호기심과 모험심이 충만한 캐릭터이지요. 그런데 당시의 생각과 현대의 생각이 같을 수가 없으므로 반드시 충돌이 일어나게 됩니다. 사건으로 이어질 가능성이 크다는 뜻입니다. 특히 이런 적극적인 인물에게는 더 위험 수위가 높은 사건이 기다릴 가능성이 크지요. 실제로 라나는 이야기의 중반에 경주 거리 한복판에서 감쪽같이 실종되어 친구 리우의 애를 태웁니다. 그럼으로써 서사적 긴장감을 극도로 높여 줍니다. 하지만 그럴수록 독자는 더욱 긴장감 있는 사건에 빠지게 될 것입니다.

이처럼 처음부터 해당 정보에 대해 적극적인 호기심을 가지고 있는 주인공은 《금국자 선생님의 수상한 요리 교실》(북멘토, 2018)에서도 볼 수 있습니다.

유미는 분식집을 운영하는 아빠와 단 둘이 살며 요리사가 되고 싶어합니다. 그 때문에 유미는 직접 요리를 할 뿐만 아니라, 아빠의 보잘것없는 요리 실력을 타박하기도 합니다. 심지어 아빠가 반대하는데도 불구하고 금국자 선생님의 요리 교실의 수강생이 됩니다. 그럼으로써 적극적으로 요리를 배우고 요리사의 덕목을 익혀 나가지요. 상세한 메모를 하는 것은 물론, 금국자 선생님이 시킨 요리를 반복적으로 실습하기도 합니다.

그 뒤 일주일 내내 나는 볶음밥만 만들었다. 하루는 양송이볶음밥, 하루는 김치치즈볶음밥…….
그런데 금세 익힐 줄 알았던 볶음밥도 그리 쉽지만은 않았다. 나는 실수를 연발했다. 한 번은 너무 짜서 먹지도 못했고, 한 번은 밥에서 탄내가 났다. 자신만만했던 게 몹시 부끄러웠다. 다행스럽게도 계속 만들수록 실수는 하나씩 줄어들었다. 어제 선생님은 엄지를 척 치켜세워 주었다.

아저씨의 말을 듣고 보니 감자 모양이 조금씩 달랐다. 어떤 건 싹이 돋았고, 어떤 건 노르스름한 갈색을 띠었다. 나는 갈색 감자들 중에서 가장 단단한 감자 네 알을 골랐다.
"하나 더 주마. 혼자 장 보러 온 게 기특해서 주는 거야."
양파를 사는 것은 어렵지 않았다. 양파는 수업 시간에 여러 번 만져 봐서 눈대중으로도 어떤 게 좋은지 알 수 있었다.

첫 장면은 주인공이 꾸준히 볶음밥을 만드는 장면이고, 두 번째 장면은 신선한 재료를 홀로 사는 법을 익히기 위해 장을 보는 장면입니다. 다행히 주인공은 지치지 않고 꾸준히 요리사가 되기 위해 꼭 필요한 일들을 하나씩 해 나갑니다. 자신이 요리사가 되기 위해 필요한 것들이기 때문에 절대 호기심을 놓지 않습니다.

이처럼 ES에서의 프로타고니스트들은 어떤 경우에도 반드시 목표를 달성(정보의 전달)해야 하므로, 비록 거칠고 험한 고난의 과정이 반복되어도 꾸준히 자신에게 주어진 일들을 다 해 나가야 합니다.

안타고니스트(antagonist, 반동 인물)

안타고니스트는 서사적 흥미를 위해 반드시 필요한 인물입니다. 정보 전달의 목적이 아니라면 이야기를 읽어 나갈 수 있는 동력이 필요한데, 안타고니스트는 주인공과 갈등을 유발하는 방법으로 이를 가능케 합니다. 안타고니스트의 등장으로 인해 ES는 보다 흥미로운 읽을거리가 될 수 있습니다.

안타고니스트는 대부분의 서사 창작물에서 그러하듯이 주인공의 목적과 이상에 반하는 행동을 통해 갈등을 유도합니다. 오로지 계획된 일정으로 정보와 지식을 습득하는 일에 충실한 프로타고니스트나 어시스턴트를 뜻밖의 모험으로 안내하지요.

갈등 도식선으로 이와 같은, 프로타고니스트와 안타고니스트의 관계를 쉽게 이해할 수 있습니다.

프로타고니스트는 작가가 목표한 욕망을 실현하기 위해 노력하고(가-1), 안타고니스트는 이를 방해하기 위해(나-1) 존재합니다. 이때 갈등이 유발되고 사건이 생기는데, 여기에서 흥미가 발생합니다. 이때 가-1과 나-1 사이의 간극이 넓을수록 갈등이 크다는 의미이고 좁은 것보다는 극적 긴장감이 큽니다. 가-2와 나-2처럼 간극이 좁아지면 갈등의 수위도 낮다는 뜻이지요. 그리고 프로타고니스트와 안타고니스트의 지향선이 중간(다)에서 만나면 갈등은 일어나지 않고, 사실상 비(非)스토리텔링이 되어 버립니다.

갈등 도식선

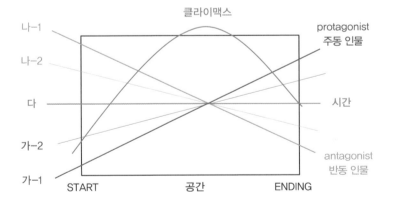

앞에서 언급한 《금국자 선생님의 수상한 요리 교실》의 안타고니스트는 아빠입니다. 아빠는 주인공 유미가 요리사가 되는 것(유미의 목표)을 반대하고 있기 때문입니다. 또한 유미는 아빠가 하는 떡볶이집이 잘 되게 하고 싶은데, 아빠는 그러한 노력을 하지 않습니다. 그 때문에도 아빠는 안타고니스트의 기능을 충실하게 수행하고 있습니다.

안타고니스트가 가족으로 등장하기는 《곱슬머리 수의사, 24시간이 모자라》(북멘토, 2018)의 경우도 마찬가지입니다.

주인공 수희는 동물을 특히 좋아하며, 꿈이 수의사가 되는 것입니다. 하지만 동물 구조 활동을 경험한 적이 있는 엄마는 이런 수희의 꿈을 반대합니다. 그럼에도 불구하고 수희는 엄마를 따돌리고 동물 병원에서 아르바이트를 하며 수의사의 세계에 대해서 알아 나갑니다.

직업 세계를 안내하는 위의 두 동화에는 현실적으로 또 다른 안타고니스트가 존재합니다. 바로 자신입니다. 자신과도 싸워 이겨야만 좋은 요리사(수의사)가 될 수 있다는 사실을 깨닫고 스스로를 격려하면서 어려움을 이겨 내지요. 이처럼 안타고니스트 역할이 복합적으로 존재하면 그만큼 주인공의 어려움이 커지고 갈등이 깊어지면서 흥미를 더 유발할 수 있습니다. 그러나 안타고니스트가 많아지면 작가는 이들과 일일이 갈등을 해결해야 하므로 그런 데서 오는 어려움을 감당할 수 있어야 합니다.

그런데 안타고니스트가 인물이 아닌 경우도 있습니다. 거칠고 험한 환경 자체, 즉 모험을 강요하는 환경이 그 역할을 대신하는 경우가 그렇습니다. 《정글에서 살아남기》(아이세움, 2002)에서 안타고니스트는 정글입니다. 무더위와 곤충, 야생 동물의 습격 등이 안타고니스트 역할을 하면서 주인공을 고립시키고 죽음의 위협을 가하지요. 이때 주인공은 조력자와 함께 정글에 대한 정보를 습득해 마침내 정글에서 무사히 빠져나오는 것입니다.

《재난에서 살아남기》의 첫 번째 이야기 '쓰러진 책장'은 지진이 일어났을 때 아이들의 대처 요령을 이야기하고 있습니다. 이때 주인공을 방해하는 가장 큰 요소로서 안타고니스트는 바로 '지진'입니다.

아빠와 할머니 댁에 가다가 폭설로 인해 고속도로에 갇히게 되는 이야기 '하얀 세상에 갇히다'에서는 폭설이 안타고니스트의 역할을 하고 있습니다.

'모든 빛이 사라진 밤'에서는 정전(블랙아웃), '병원 가는 길'에서의 안타고니스트는 '바이러스'입니다.

이처럼 안타고니스트가 다양할수록, 능력치가 주인공을 능가할수록, 주인공의 고난은 깊어지고 이야기는 보다 흥미로워집니다.

《사금파리 한 조각》의 경우, 안타고니스트가 진화하는 양상을 보입니다. 초반부에는 주인공이 처한 열악한 환경—조실부모하고 몹시 가난한 상태—이 주인공을 압박하고, 도자기를 배우기 시작하는 중반부에서는 자신을 못마땅하게 여기는 스승과 이 모든 조건을 견뎌 내지 못하는 자신이 안타고니스트가 되지요. 구은 도자기를 왕실까지 전달해야 하는 후반부에서는 개경까지 낯선 길을 가야 하는 환경, 강도를 만난 일과 그로 인해 도자기가 깨진 것 모두가 주인공의 목표를 방해합니다. 이때마다 주인공은 다양한 지혜를 발휘하고 과감한 행동을 통해 위험을 돌파해 나가지요. 즉 안타고니스트는 프로타고니스트로 하여금 사건에 휘말리게 하고 그럼으로써 이야기가 흥미롭도록 유도합니다.

어시스턴트(assistant) 또는 헬퍼(helper)

ES에서는 주인공 못지않게 어시스턴트의 역할이 중요합니다. 물론 이것은 정보를 전달해야 하는 목적 때문입니다. 어시스턴트는 서사의 인물로도 제 역할을 해야 하며, 정보 전달자의 역할도 동시에 수행해야 합니다.

주인공이 알지 못하는 정보와 지식을 전달하고, 이를 통하여 주인공의 호기심을 더욱 자극하며, 그가 사건에서 이탈하지 않도록 유도하는 것이 어시스턴트의 역할입니다. 주인공의 역할을 침범하지 않으면서, 프로타고니스트에게 사건의 핵심으로 들어가도록 안내해야 하므로 헬퍼라고도 부릅니다.

《번개 맞은 대머리 참새의 날씨 이야기》(종이책, 2012)의 참새가 가장 대표적인 어시스턴트입니다. 대머리 참새는 모든 새들이 각각의 역할을 수행하며 살아가는 새들의 마을에서 날씨를 예측하는 역할을 맡고 있습니다. 워낙 돌아다니기를 좋아하는 성격을 지닌 대머리 참새는 누구보다 날씨에 대해 민감하고, 실제로 날씨에 대한 상식을 많이 가지고 있지요. 어시스턴트로서 적합성을 이미 확보하고 있습니다.

이런 대머리 참새에게 어느 날 흰꼬리수리 어미가 뜻밖의 부탁을 합니다. 날개를 다친 새끼를 놓고 갈 테니 돌보아 달라는 것이지요. 다행히 회복된 새끼 흰꼬리수리(휘모리)는 엄마를 찾아나서기 위해 모험을 떠납니다. 여기에 대머리 참새가 동반하게 되는데, 이들에게 가장 위험한 적은 변화무쌍한 날씨입니다. 날씨에 대한 상당한 상식을 가지고 있던 대머리 참새는 휘모리와 함께 이 상식을 이용해 어려움을 헤치고 나아갑니다. 이때 대머리 참새는 어시스턴트로서 휘모리의 모험을 안내하고, 돕는 역할을 담당합니다

《살수대첩과 사라진 삼족오》에서 어시스턴트는 두루치치입니다. 급작스럽게 과거에 이르게 된 리우에게 다양한 정보를 제공하고, 주인공이 미션을 수행하도록 도와줍니다. 같은 〈역사 탐정단 Z〉 시리즈인 《선덕여왕과 하늘을 달리는 말》에도 유사한 어시스턴트가 등장합니다. 다름 아닌 또치입니다. 또치는 이 작품에서 신라 시대를 전혀 알지 못하는 리우와 라나를 위해서 지리적 정보와 시대적 배경 등을 알려 주고 둘이 미션을 해결하는 데 상당 부분 도움을 줍니다.

《금국자 선생님의 수상한 요리 교실》에서 조력자는 금국자 선생님입니다. 금국자 선생님은, 주인공 유미에게 요리사가 되기 위한 다양한 미

선을 제시하고, 유미는 이를 하나씩 실천함으로써 미션을 수행하게 됩니다. 실제로 금국자 선생님은 유미에게 꽤나 혹독합니다. 금국자 선생님은, 정보를 주는 역할뿐만 아니라, 주인공(유미)이 목표를 달성하는 데도 일정한 역할을 합니다.

"그러면 아무나 요리사가 될 수 있어요? 따로 배우지 못하더라도요?"
"누구든 요리를 할 수 있단다. 그건 누구나 요리사가 될 수 있다는 얘기야. 결국은 스스로 결정하는 거란다. 지금 레스토랑 주방장인 내 친구는 돈 한 푼 없었지만, 식당 주방에서 설거지를 하면서 알음알음 요리를 익혔어."

"선생님, 요리사가 되는 데 왜 운동을 해야 해요?"
"요리사가 되려면 체력이 좋아야 하거든."
"체력이 좋아야 한다고요?"
"응, 요리사는 온종일 서 있어야 해. 요리를 앉아서 할 수는 없으니까. 무거운 프라이팬도 한 손으로 척척 들어야 하지. 유미는 온종일 무거운 걸 들어 본 적이 있니?"

"당근은 데쳐 두었다가 맨 나중에 넣으렴. 당근이 지닌 비타민은 기름에 녹거든. 당근 먼저 볶으면 주황빛이 도는 기름이 나와. 그럼 다른 재료들도 색깔이 탁해져서 음식이 맛없어 보이지."

그러면서 선생님은 가스 불을 켜고 프라이팬을 달궜다.

"볶음 요리를 할 땐 바닥이 넓은 프라이팬을 쓰는 게 좋아. 열이 골고루
전달되니까."

이처럼 금국자 선생님은 곳곳에 유미를 위해 요리를 위한 정보와 안
내를 맡아 줍니다.

안타고니스트가 그렇듯이 어시스턴트 역시 꼭 한 사람일 필요는 없습
니다. 《땅 파다가 콧구멍에 흙 들어간 두더지의 지구 이야기》에서는 주
인공 2명이 각각 다른 방향으로, 오염되지 않은 땅을 찾아나서는 모험
이야기입니다. 주인공 두 명은 가는 곳마다 위기를 만나고, 그곳에는 해
당 지역의 정보를 제공해 주는 어시스턴트가 등장합니다.

이처럼 어시스턴트는 동화나 소설에 비해서 그 역할이 막중하다고 할
수 있습니다. 그것은 정보를 보다 효과적으로 이야기의 틀 안에서 전달
하려는 목적 때문입니다. 하지만 그렇다고 해서 어시스턴트가 모든 정
보를 지배해서는 안 됩니다. 프로타고니스트가 정보에 대한 호기심을
가질 수 있게, 그 스스로 정보에 대한 욕구를 가질 수 있도록 향도의 역
할 정도만 하면 되겠지요. 왜냐하면 만약 어시스턴트가 모든 정보를 쥐
고 있으면, 구태여 프로타고니스트는 정보에 대한 욕망을 갖지 않을 것
이며, 손쉽게 정보를 획득하려 할 것이기 때문입니다. 이럴 경우는 서사
성이 무너지며, 최악의 경우, 프로타고니스트와 어시스턴트 간의 Q&A
로 변질될 가능성을 무시할 수 없기 때문입니다.

명심할 것은 일반적으로 소설이나 동화에서 어시스턴트는 역할에 따라 감초처럼 이야기의 흥미를 북돋기도 하고, 주인공을 추종 혹은 배신하면서 이야기의 방향을 바꿔 놓기도 합니다. 즉 어시스턴트는 서사 고유의 역할에 충실해야 한다는 뜻입니다. 그렇지 않은 경우, 어시스턴트는 기계적 메신저에 머물 위험성이 있습니다. 어시스턴트는 서사적으로도 주인공의 모험에 합류할 명분, 즉 개연성을 확보해야 합니다. 《살수대첩과 사라진 삼족오》에서 두루치치는 수나라 군인들에게 부모님을 잃었고, 《금국자 선생님의 수상한 요리 교실》에서 금국자 선생님은 주인공 유미에게 신세—소중한 반지를 찾아 줌—를 졌습니다. 이처럼 어시스턴트도 하나의 인물로서 존재 이유가 분명해야 합니다.

스토리텔링을 구성하는 요소들

이야기가 시작되면 프로타고니스트는 목표를 향해 나아간다. 이어 프로타고니스트의 진행을 방해하는 안타고니스트가 나타나 갈등을 형성한다. 둘이 가장 강하게 부딪치는 부분이 클라이맥스가 되고 그 단계가 지나면 작품은 종료된다. 왼쪽 갈등 도식선에서 굵은 박스는 공간, 좌우를 가로지르는 굵은 선은 시간을 의미한다. 시간과 공간은 이야기 속 인물이 구체화되는 기본 조건이다. 공간을 박스로 표시한 것은 모든 이야기는 특정한 공간에서 일어나고 있다는 의미다.

25

단편 에듀테인먼트 스토리텔링과
장편 에듀테인먼트 스토리텔링

단편, 빠르게 목적하는 바를 드러낼 것

〈세상을 바꾸는 착한 이야기〉(북멘토) 시리즈는 각 권마다 7~10개 내외의 짧은 동화와 정보 글의 형태로 이루어졌습니다. 단편 ES는 대체로 이와 같은 형태를 띄고 있지요. 즉 단편 ES는 외형상, 정보 페이지만 제외하면 흡사 단편 동화집의 모습과 다를 바 없습니다. 그래서 그런지 몰라도 처음 ES를 쓰는 작가는 대체로 자신이 지금까지 보아 왔던 단편 동화의 작법을 따르고, 이렇게 해서 첫 번째 실수를 저지릅니다.

강의 중 받아 보는 단편 ES의 초고 대부분은 도입부가 비대합니다. 상당수의 작법서들이 '초반에 작중 인물을 소개하고 상황에 대한 정보를 주며……'와 같이 서술되어 있어서 그런지 모르겠습니다. 또한 묘사에 대한 압박 때문에 초반부를 상당히 문학적으로 그리기 위해 애쓰지요.

이 또한 동화 쓰기 이론서의 영향이 클 것입니다. 배경을 예쁘게 묘사하려 하거나, 화려한 수사로 주인공에 대한 정보를 주려고 안간힘을 씁니다. 동화와 ES가 목적은 물론 출발도 조금은 달라야 한다는 사실에 대한 인지를 하지 않고 있기 때문입니다.

뿐만 아니라 대화가 넘치기도 합니다. 물론 그 대화란 것도 핵심적인 내용을 담은 것이 아니라, 일단 두 인물이 등장했으니 서로 말을 주고받게 해야 한다는 의무감에서 비롯된 것이 많습니다. 많은 작가들이, '상세한 묘사는 독자(어린이)를 질리고 지루하게 만들 수 있으니, 대화를 많이 넣으라'는 충고를 해서 그런지 모르겠습니다.

그러나 이와 같은 서술 방식은 ES를 쓸 때 가장 잘못된 방법 중의 하나입니다.

단편 ES는 빠르게 본론에 접근해야 합니다. 이야기를 통해 정보를 전달해야 하는 만큼, 배경 묘사나 동화에서 흔히 볼 수 있는 심리 묘사 등으로 많은 분량이 소모되어서는 안 됩니다. 아니, 묘사 자체를 절대적으로 줄이고, 배경이나 주인공에 대한 정보는 간략한 설명으로 대체하는 게 좋습니다. 그리고 정보 전달을 위한 사건이 최대한 빨리 일어나야 합니다.

이 첫 멜팅 포인트(melting point)는 이후 이야기의 탄력성을 결정합니다. 첫 멜팅 포인트가 늦어지면 늦어질수록 이야기는 늘어지게 마련이니까요. 두 번째, 세 번째 멜팅 포인트를 결정하는 것도 사실상 첫 멜팅 포인트입니다. 이곳을 멜팅 포인트라 부르는 이유는, '정보가 이야기 속에 녹아든다'라고 말하기 때문입니다. 즉 멜팅 포인트에서 일어나는 사건은 정보 전달을 위한 시작점이라고 할 수 있습니다.

첫 멜팅 포인트는 대체로 이후에 이어질 사건의 티저, 또는 복선의 역할도 대신합니다. 첫 번째 멜팅 포인트는 이를 염두에 두어야 합니다. 첫 번째 멜팅 포인트의 정보 강도가 너무 강하면 (아무리 ES가 논픽션이라고 해도) 흥미가 떨어질 가능성이 큽니다. 그러므로 이곳의 정보는 이후에 전개될 이야기나, 남은 정보의 양과 난이도에 따라 면밀하게 결정되어야 합니다.

> 영지는 눈을 번쩍 떴다. 코앞에서 동그란 눈동자 네 개가 끔뻑끔뻑했다. 영지는 끙 소리를 내며 몸을 일으켰다. 머리고 어깨고 여기저기 흙투성이였다. 얼굴도 긁혔는지 이마와 콧등이 따끔거렸다.
> 몇 분 전 상황이 떠올랐다. 오늘은 어린이 환경 탐방대 마지막 탐방 날, 영지는 신나게 내리막길을 내달리다가 그만 낙엽 무더기를 밟고 미끄러지며 넘어져 그대로 굴렀다. 영지는 순간적으로 양팔과 손으로 얼굴과 머리를 감쌌다. 그 덕에 통나무 구르듯 굴러 놓고 다행히 머리를 다치지는 않은 것 같았다.

위의 이야기는 앞서 언급한 《재난에서 살아남은 10가지 방법》의 7번째 이야기인 '산속에서 길을 잃다'의 첫 부분입니다. 이 ES는 멜팅 포인트를 가장 앞으로 가져왔습니다. '조난'이 주제인 이 이야기의 시작 지점에 이미 조난을 당한 상태이며, 왜 그런 일이 발생했는지를 과거 회상으로 처리했습니다. 이렇게 멜팅 포인트를 마치 영화의 '5분의 법칙'처럼 활용하는 것도 좋은 예라 할 수 있습니다.

그런가 하면 《세상을 바꾼 착한 기술 이야기》(북멘토, 2013)와 같은 경우도 있습니다.

> "아이고, 아이고, 티티야……."
>
> 티티의 할머니가 곡을 하며 밖으로 나왔습니다.
>
> "할머니, 설마…… 티티가?"
>
> 나나는 검은 옷을 챙기는 할머니께 다가갔습니다.
>
> "티티가 긴 여행을 떠났단다."
>
> 나나는 그게 무슨 의미인지 알고 있지요. 나나의 마을에서는 사람이 죽
>
> 으면, '죽은 자들의 세계로 긴 여행을 떠났다'고 말합니다.

이 이야기는 《착한 기술 이야기》의 네 번째 꼭지 '마법이 아니야'의 앞부분입니다. 주제가 정수기 빨대를 만드는 방법이므로 이곳이 멜팅 포인트는 아닙니다. 다만, 오염된 물을 먹고 죽음에 이르는 아프리카 아이들의 사연을 전진 배치함으로써 복선으로 사용하고 있습니다. 이 장면이 지나면 주인공 나나는 친구와 함께 물을 길러 가면서 '마법의 물통' 이야기를 나눕니다. '아무리 더러운 물도 마법의 물통 안에 넣기만 하면 깨끗해지는' 물통이 그것입니다. 그럼으로써 멜팅 포인트에 이르고 이후,

두 아이는 정수기 빨대를 만들기 시작하지요.

이처럼 첫 멜팅 포인트는 전체의 1/5~1/3 지점을 넘지 않는 게 좋습니다. 작가들 대부분은 첫 멜팅 포인트를 넘어서면 정보 전달에 대한 조급증에 시달립니다. 그러다 보면 설명적 어투로 급변하기도 하지요. 그래서 어느 순간, 서사성이 급격하게 줄어들고 전통 논픽션처럼 정보를 주르르 펼쳐 놓는 것이지요. 하지만 앞서 말했듯이 정보는 이야기의 틀 안에서 효율적으로 배분되어야 합니다.

결말 역시 분명하게 맺어 주어야 합니다. '문학적인 감동'을 지나치게 의식한 나머지 열린 결말을 내려서는 안 됩니다. ES는 정보를 습득한 결과를 명쾌하게 서술해 주는 것이 좋습니다. 이는 장편의 경우에도 마찬가지입니다.

단편 ES는 정보 전달의 목적에 따라, 비효율적 요소를 최대한 억제해야 합니다. 등장인물의 수를 최대한 줄이고, 단일한 사건에 집중해야 한다는 것입니다. 이러한 점은 창작 동화도 다를 바 없지만, ES는 정보 내용이 차지하는 비중이 있기 때문에 더욱 효율적으로 서술해야 합니다. 구체적인 인물 묘사라든가, 많은 대화를 줄이는 것도 같은 차원에서 다루어져야 합니다.

패턴화도 경계해야 합니다. 한 권에 여러 개의 단편 ES가 실릴 경우에 각각의 동화들은 이야기가 지나치게 도식화되어서는 안 됩니다. 가령 앞서 설명한 《궁금한 이야기 + 4차 산업혁명》은 각 꼭지마다, 완전히 다른 소재여서 패턴화의 염려가 없습니다. 그것은 《재난에서 살아남은

10가지 방법》도 마찬가지입니다. 각각 다른 소재, 다른 배경을 그리고 있습니다. 그러므로 각각의 이야기는 따로 읽는 맛이 그대로 유지될 수 있습니다.

《협동조합이 뭐예요?》는 선량한 기업들이 눈앞에 닥친 어려움(생산과 판매, 유통 회사의 횡포 등)을 극복하기 위해 협동조합을 결성하고, 이를 통해 위기를 벗어난다는 이야기로 구성되어 있습니다. 각각의 회사와 등장인물은 달라도 모든 이야기의 중요한 모티프가 '협동조합'이라는 점이 똑같습니다. 그러므로 이 10개의 이야기는 잘못 쓰게 되면 모두 '어려움에 빠진 사람들→ 협동조합 만들기→ 어려움 극복하기→ 해피엔딩'이라는 도식화를 벗어날 수 없습니다. 이는 독자의 호기심을 떨어뜨릴 뿐만 아니라, 책으로서의 완결성 확보에도 치명적일 것입니다. 그러므로 이러한 위험을 극복하기 위해서 내적으로는 주인공을 차별화시키고 이야기마다 사건을 다채롭게 구성하였으며, 이야기의 배경도 다양화시켰지요. 또한 외적으로는 선키스트라든가, 한살림처럼 귀에 익숙한 기업을 소개하여 궁금증을 유발하면서 패턴화의 부담을 최대한 덜어 냈습니다.

삼투형 ES의 경우에는 이야기 속에 들어가는 정보의 양을 적절하게 조절해야 합니다. 이 분야의 상당수 ES는 이야기가 끝나면 대부분 추가적인 정보 페이지가 구성되기 때문입니다. 즉 이야기 안에 너무 많은 정보를 넣으면, 정보 페이지 구성이 어려워지기도 하고, 이야기 자체가 지루해질 수 있기 때문입니다. 반대로 정보가 너무 적어지면, 이야기만 남게 되어 애초에 논픽션의 역할을 못 할 수도 있지요. 그러므로 단편 ES

는 애초에 스토리보드를 구성할 때, 정보의 적절한 배치를 염두에 두지 않으면 안 됩니다.

장편은 모험과 미션, 인물과 공간을 활용할 것

10장 안팎으로 구성되어 있는 장편 ES의 멜팅 포인트는 보통 2장부터 발생합니다. 1장은 대체로 프롤로그의 역할을 하며, 배경에 관한 서술, 복선, 호기심을 끌기 위한 사건 등이 첫 장에서 쓰입니다. 이런 구조는 특히 판타지나 주인공이 타임슬립을 하는 이야기에 명확하게 나타납니다.

《노빈손, 사라진 훈민정음을 찾아라》의 첫 장은 대부분 타임슬립을 하기 위한 준비 과정으로 쓰이지요. 고서점에 간 노빈손이 한글 티셔츠를 선물로 주는 할머니를 만나고, 할머니의 부탁을 들어주다가 발을 잘못 딛는 바람에 넘어지고, 그 순간 타임슬립하여 조선 시대로 흘러 들어갑니다. 그리고 조선 시대에 이르자마자 한글 티셔츠 때문에 곧바로 쫓기게 됩니다.

《흩어진 지도를 모아라》(하루놀, 2019)는 서유럽의 여러 나라를 소개하는 ES입니다. 첫 장에서, 주인공인 아이들 네 명은 학교의 비밀 창고 안에서 이상한 상자를 발견하게 되고, 지도 모양을 한 천 조각을 찾아오라는 교장 선생님의 미션을 받아 들게 되지요. 아이들은 마침내 빛이 쏟아지는 상자 속으로 들어가게 되고, 여러 나라를 여행하게 됩니다. 그러면서 각 나라의 지리 문화적 정보를 함께 공부하게 됩니다.

단편 ES에 비해서 장편 ES가 어려운 것은, 사건 여러 개가 끊임없이 일어나야 한다는 것입니다. 분량을 맞추기 위해서라도 필요한 일입니다. 더구나 이 사건들은 지루하거나 지지부진하지 않아야 합니다. 어찌 보면 장편 ES의 생명은 스피드에 있다고 할 수 있습니다. 정보가 노출되는 부분에서는 반드시 속도가 떨어질 수밖에 없는데 그럴 경우 가독성에 빨간 불이 켜지지요.

그래서 ES 작가들은 게임처럼 하나의 미션을 수행하면 그다음 미션 수행으로 이어지는 방식의 게임 스토리 플롯을 종종 이용합니다. 사실 이와 같은 플롯은 그리스 신화의 헤라클레스의 모험 형식을 따르고 있습니다. 가는 곳마다 새로운 장벽을 설정하여 이를 통과하는 형식이지요. 이때 장벽은 다양하게 설정할 수 있습니다.

첫째는 인물입니다. 주인공의 미션을 방해하는 안타고니스트를 장마다 다르게 설정하여, 독자로 하여금 다양한 놀이 경험을 하게 하는 것이지요. (에듀테인먼트가 놀이적 기능이 강화된 것이라는 말은 앞에서 언급했습니다.) 이때 안타고니스트는 악당이거나 괴물이어도 상관없습니다. 이런 괴물은 그리스 신화나 《산해경》과 같은 책을 참고하면 얼마든지 만들어 낼 수 있겠지요. 사실 이 플롯은 옛날이야기에도 종종 등장하는 가장 익숙한 플롯이며, 게임에 익숙한 독자들에게는 더더욱 흥미롭게 다가갈 수 있습니다.

둘째는 새로운 공간의 창출입니다. 낯선 공간은 사람들에게 필연적으로 긴장감을 유발하지요. 그리고 이야기 속에서 긴장감은 곧 사건을 유발합니다. 《바빌론의 사라진 공중 정원》(생각의질서, 2107)은 두 남매가 세계의 7대 불가사의 중 하나로 일컬어지는 공중 정원을 탐험하는 이야기입니다. 여기에는 이들을 쫓는 악당이 있기는 하지만, 그보다 더 위험한 것은 공중 정원 안으로 들어가 목적지까지 무사하게 다다르는 것입니다. 물론 공중 정원은 지금은 남아 있지 않으며, 일부 기록에만 존재할 뿐이지요. 그러므로 그 안이 어떤 구조로 되어 있는지, 무엇이 있었는지 자세히 알 길은 없습니다. 상상력에만 의존할 수밖에 없는데, 주인공인 두 남매는 공중 정원 안으로 들어서자마자 미스터리와 같은 내부 구조 때문에 아슬아슬한 순간을 여러 번이나 모면하지요. 사람만 들어서면 파도가 치는 해자, 움직이는 물체에 반응하여 점점 좁아지는 장미 터널, 신화 속 주인공이 살아나 달려드는 이상한 정원들 모두 주인공이 거쳐야 하는 공간들이지요. 그런데 문제는 이 공간에 대한 정보가 전혀 없으므로 그 공간 안에 들어 있는 것 자체가 모험이라는 사실입니다.

공간을 활용하는 방법은 첫 번째, 특정한 공간에서 탈출하는 방법(1)입니다. 감옥, 밀림, 미로 등의 공간을 설정하고, 주인공을 구속하고 있는 그 공간을 벗어나려는 시도를 보여 주는 것이지요. 물론 이때 공간의 내부를 정교하게 구성하는 것이 관건입니다. 각각의 공간에 적어도 한 가지 이상의 장벽을 설정하고 이를 깨거나 넘어서는 방법을 고민하면 좋겠습니다.

공간 활용법

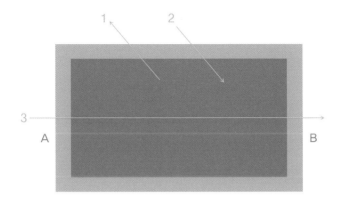

두 번째, 위의 경우와는 반대로 주인공으로 하여금 특정한 공간으로 진입하도록 하는 방법(2)입니다. 굳건히 닫혀 있는, 혹은 갇혀 있는 공주를 구하기 위해 마녀의 성으로 진입하는 따위의 경우가 이에 해당되겠지요. 이럴 경우에는 목표 공간으로의 진입은 작품의 클라이막스가 될 것입니다. 그러므로 목표 공간에 이르기까지의 과정이 험난해야 합니다. 안타고니스트(인물이든 특정한 방해 요소이든)를 이용하여 공간으로 진입하는 것을 방해하게 하고, 주인공은 이를 넘어서는 방법을 택하는 것입니다. 공간 내부에서 밖으로 나서는 유형보다, 밖에서 안으로 진입하는 것이 공간의 유용성 측면에서는 활용도가 더 높을 수 있습니다. 주인공을 방해할 수 있는 요소를 더 많이 창출할 수 있다는 뜻입니다.

세 번째는 통과제의적 형태로, 주인공이 특별한 공간을 통과해야만(3)

미션이 완성되도록 하는 형태입니다. 위의 첫 번째와 두 번째 방법을 혼용한 형태라고 생각하면 쉽겠지요.

물론 어떤 경우에도 작가가 공간을 효과적으로 활용해야만 이 방법이 효과를 볼 수 있습니다.

이 외에도 낯설고 재미있는 이야기를 만들 수 있는 방법은 다양합니다. 다만 ES 입문 작가가 가장 손쉽게 접근할 수 있는 방법을 소개했을 뿐입니다. 가장 중요한 것은, 다양한 어휘수가 원활한 의사소통에 필수인 것처럼, 재미있는 이야기를 써 나가는 데 가장 필요한 것은, 어떤 분야이든 다양하고 많은 이야기를 알고 있는 것입니다. 그렇게 익힌 이야기들은 서로 충돌하고 뒤섞여 새로운 이야기가 만들어지는 원천이 됩니다.

작가가, 작가에게 하는
질문 22

01 많은 작법서에서 강조하는 '독창성', 어떻게 발견하고 키워 나가야 할까요?

이야기의 독창성은 먼저 다른 작가의 이야기와 내 이야기의 차별성에서 옵니다. 그러므로 일차적으로는 남의 이야기에 대한 압도적인 지배력이 필요합니다. 책 읽기 등을 통해 수많은 비교 대상을 쌓은 뒤에 그 틈을 찾는 방식이 선행되어야 합니다. 그리고 2차적으로는 이야기와 이야기를 충돌시켜 제3의 이야기를 만드는 것이지요. 전 세계 수억의 독자를 가진 〈해리 포터〉 시리즈를 가만히 뜯어 보세요. 한 장면, 한 장면이 정말 그 자체로 독창적이던가요? 그 답이 궁금하다면 우리가 읽었던 수많은 서양의 옛 동화들과 중세 시대에 유행했던 이야기를 뒤적거려 보세요. 그 답을 정확하게 찾아낼 수 있습니다.

02 재능의 벽에 막힐 때가 있어요. 아무리 노력이 중요하다지만, '과연 내가 작가로서 재능이 있는 걸까?'라는 자괴감에 마음이 무너질 때 어떻게 해야 할까요?

이와 같은 자괴감은 기성 작가에게도 종종 찾아옵니다. 그것은 보통 자신의 목표가 현재보다 조금 더 크기 때문에 오는 경우가 많습니다. 보상 심리도 작용할 테고, 더 나아지고 싶은데 정체된 듯한 느낌 때문이기도 하고요. 글쓰기는 참으로 지난한 과정, 즉 절대적 시간을 필요로 합니다. 이럴 때는 자신이 읽은 책 중에서 정말 괜찮았던 작품이나, 어떤 모범으로 삼을 만한 작품을 되읽으면서 그 작품의 플롯과 문체와 장면의 전환 등을 되돌아보세요. 그런 것들이 좋은 영감이 되어 찾아올 수도 있습니다. 시간이 좀 된다면 그런 책들을 천천히 필사해 보세요. 그래도 버겁다면, 좋은 스승이나 강의를 찾아가 보기를 권합니다. 문제를 발견했으면 어떤 식으로든 답을 찾아야 합니다.

03 출판계의 흐름은 어떻게 읽을 수 있을까요? (요즘 유행 테마 같은 것들요)

출판계의 흐름은 작가에게도 아주 중요한 사항입니다. 전부는 아니어도 출판계 역시 트렌드에 민감하니까요. 출판계의 흐름을 알기 위해서는 서점을 자주 찾는 수밖에 없습니다. 어떤 신간이 나오고, 그것들 중에서 또 어떤 것이 오래 가는지를 살피는 일이지요. 하지만 단 몇 번으로는 트렌드를 읽을 수 없습니다. 지속적으로, 일정한 간격을 두고 서점을 찾아야 합니다. 그렇게 하면 조금씩 흐름이 보입니다. 인터넷 서점이 아닌 오프라인 서점을 말하는 것입니다.

04 오랜 시간 붙잡고 글을 써도 진행도 더디고, 마음에 들지 않아 계속 수정만 하고 있어 완성이 될지 걱정이 되는 경우, 이것이 제 집착인가 할 때가

있어요. 주변의 반응이 별로 좋지 않고 스스로도 이게 맞는가 싶지만, 여러 이유로 이야기를 놓아 버릴 수 없을 때, 이야기를 놓아야 할까요, 아니면 계속 써 보아야 할까요?

신인 작가에게 이런 일이 종종 생기는 것은 우선 기반 지식이 충분하지 않고, 그리하여 자신의 작품에 대한 판단력이 제대로 작동하지 않기 때문입니다. 이럴 때는 잠시 놓아두는 것도 나쁘지 않습니다. 저는 이럴 때 농담 반 진담 반으로 '키핑해 두라'고, 그리고 다른 것을 써 보라고 합니다. 포기나 중지가 아니라 키핑(보관)하라는 이유는, 나중에 기반 지식이 충분히 쌓여 판단력이 제대로 작동하면, 수정 보완이 가능해지기 때문입니다. 실제로 잠시 미루어 두었던 원고가 1~2년이 지난 뒤에 빛을 보는 경우도 종종 있습니다. 작가들이 2~3가지 작품을 동시에 진행하는 데에는 이런 이유도 있습니다.

05 '하늘 아래 완전히 새로운 건 없다', '예술은 모방에서 시작된다', '서툰 예술가는 베끼고 위대한 미술가는 훔친다'라는 말도 있잖아요. 베끼기와 훔치기는 어떻게 구별할 수 있을까요? 영리하게 훔칠 수 있는 구체적인 방법이 있나요?

후세의 작가들은 누구나 훔치고, 우리가 쓴 글은 우리 후손들이 훔칠 것입니다. 훔친 글과 베낀 글의 차이는, 훔친 글에는 원작자의 체취가 느껴질 뿐이지만, 베낀 글에서는 원작자의 형체가 보입니다. 훔치는 것은 그의 영향을 받는 것이고, 베끼는 것은 그의 것을 내 것이라고 우기는 행위이지요. 훔치려면 원작자를 이해해서 내 속에 품어야 하고, 베끼려면 구태여 그럴 필요가 없습니다. 영리하게 훔치려면 원작자의 영혼까지 이해하도록 노력해야 합니다. 원작자의 정신을 좇아야 하고, 원작자의 머리로 살아 보는 일이 필요하지요. 지금 내가 원작자라면 나는 이 작품을 어떻게 쓸까, 라고 질문해 보세요. 의외로 해답은 쉽습니다.

06 매너리즘에 빠질 때 어떻게 극복하셨나요?

매너리즘은 결국 '익숙함'에 안주하려는 태도 때문이 아닐까요? 글쓰는 일이 작가에게는 나름 고통인지라, 더하여 끊임없이 써야 하기 때문에, 종종 쉬운 길을 선택하려 하지요. 자신을 끊임없이 괴롭히지 않으면, 매너리즘은 극복하기 어렵습니다. 청소년 소설을 예로 들면, 나는 현대를 배경으로 한 이야기부터 역사와 SF까지 두루 도전해 보고 있습니다. 진지한 문학적 접근부터 판타지까지 모두 염두에 두고 있습니다. 그렇기에 읽어야 할 책도 많고 생각의 폭도 넓게 가져야 합니다. 자꾸만 편리를 좇아가는 자신을 멈춰 세우는 일이 매너리즘에서 벗어나는 첫 발걸음이 됩니다. 논픽션도 마찬가지입니다. 다양한 분야를 두루 경험해 보고 창작 방법론도 골고루 확장해 보세요.

07 원고 수정은 얼마나, 어떻게 하는 게 좋을까요?

원고의 수정은 전체 내용을 점검하면서 한 번, 문장의 구조와 적절한 단어의 쓰임새가 꼭 알맞는지 살피면서 한 번 보세요. 그다음에는 반드시 출력해서 한 번 더 보세요. 모니터상으로 읽을 때보다 출력된 글을 읽을 때 더 '실전'의 느낌이 강하기 때문입니다. 스스로의 힘으로 2~3회 정도 수정하고, 1~2회 정도는 다른 사람(동료 작가, 편집자 등)의 손을 빌려 보세요. 가능하다면 직접 대상 독자에게 미리 읽혀 보는 것도 권장할 만한 일입니다. 내 아이, 옆집 아이, 그 누구라도 좋습니다.

08 좋은 스토리는 어떤 스토리를 말하나요?

설마 '새로운, 지금까지 한 번도 본 적이 없는' 스토리를 염두에 두고 한 질문은 아니겠지요? 무엇보다 어린이 청소년책이라면 독자가 편히 읽을 수 있는 스토리가 가장 좋습니다. 충분히 이해할 만하고, 부담이 느껴지지 않는 이야기를 말합니다. 지나치게 교훈적이거나, 짜여진 듯한 느낌보다는, 옆에서 한 번쯤 겪어 본 듯한 그런 이야기 말입니다. 이것은 창작 방법론의 원칙이기도 하지만, 무엇보다 그들(독자) '밖'이 아니라 그들 '안'에서 일어날 만한 일인 것 같은 스토리여야 합니다. 새롭고, 처음 보는 이야기는 그다음입니다. 그러나 가장 앞에 내세워야 하는 것은 '재미' 입니다. 독자(어린이)들은 어른보다 훨씬 재미에 민감하기 때문입니다.

09 작가의 상상력과 통찰력은 어떻게 키우나요?

작가가 되려면 작가처럼 살라는 말이 있습니다. 그것은 작가처럼 생활하라는 뜻인데, 그 생활의 면면을 생각해 본 적이 있나요? 관찰하는 것을 좋아하고, 새로운 것에 대한 모험심이 풍부하며, 남의 말을 귀담아 듣고, 사소한 것이라도 지나치지 않으며, 특정 분야에 대해 '덕후'의 기질도 있고……. 이런 것들이 모이고 또 쌓여서 상상력을 자극하고, 통찰력 지수를 높이는 건 아닐까요? 흔히 말하듯, 독서와 여행 등의 취미가 상상력을 제고하는 데 도움이 되긴 하지만, 그 무엇보다 작가로서의 삶을 모방하며 시작해 보는 것은 어떨까요? 요즘 말로 '덕질'이 바로 그것입니다.

10 글쓰기에는 어떤 재능이 필요할까요?

특별한 재능을 가져야만 작가가 되는 것이 아닙니다. 작가가 되기 위해

걸맞는 노력을 하다 보면, 작가의 재능이 갖추어지는 것이지요. 딱 한 권의 책을 썼다고 작가가 되는 것이 아닙니다. 지속적인 집필 활동을 하고 이 지난한 과정을 견뎌 내야 작가이지요. 매일 일정한 글을 써야 하는 '반복'도 여기에 포함되어 있겠지요. 오래도록 견뎌 낼 끈기와 열정이 작가가 되려는 사람에게는 가장 필요한 덕목이라고 할 수 있습니다. 선천적 재능은 있으나 노력하지 않는 작가보다 선천적 재능은 없어도 노력하는 작가가 성공할 확률이 훨씬 높습니다.

11 글을 쓸 때 분량을 생각하고 쓰는지, 일단 써 보고 나중에 줄이는지?

작가 대부분은 자신이 쓸 글의 대략적인 분량을 정하고 시작합니다. 하지만 글을 쓰다가 보면 넘치거나 모자란 경우가 종종 발생합니다. 특히 처음 글을 쓰는 사람에게 이것은 꽤 큰 문제일 수 있습니다. 그래서 각 장을 구성한 다음에는 예상 분량을 미리 생각하고 집필하는 게 좋습니다. 예를 들어 고학년 논픽션(총 원고는 원고지 약 400매 안팎)이고, 꼭지 10개로 구성한다면, 각 꼭지는 40장 안팎이어야 합니다. 이때 각 꼭지가 '본문 글+정보 글'로 나뉘어 있다면, 본문 글은 30매, 정보 글은 10매으로 나눕니다. 이는 장편 동화나 청소년 소설을 쓸 때도 마찬가지입니다. 이런 기준을 마련해 두면, 나중에 다른 원고를 쓸 때도 도움이 됩니다. 원고의 양을 적절히 유지하는 것도 글쓰기의 중요한 포인트입니다.

12 오래 글 쓰는 작가가 되는 데 가장 중요한 것은 무엇일까요? 조언을 부탁드립니다.

건강과 열정. 이 두 가지는 기본적인 것이라 굳이 말할 필요도 없고, 여기에 첨가하자면, 독자에 대한 관심입니다. 우리가 쓰는 글은 우리와 비슷한 또래가 아닌 생각과 세상을 보는 방식의 격차가 아주 큰 어린이들이며, 이 차이는 시간이 지날수록 더 벌어집니다. 그리고 이 차이는 단순한 시간의 격차를 의미하지 않습니다. 그렇기 때문에 독자에 대한 적극적인 이해, 그들의 머리로 생각하려는 노력이 지속되지 않으면, 어린이 논픽션 작가는 좋은 글을 써낼 수 없습니다. 게임을 하고 싶으나 엄마의 꾸중이 두려운 아이를 생각해 보세요. 학원에 가기 싫어 발버둥 치는 아이의 마음으로 들어가 보는 것이죠. 이러한 노력은 어린이책 작가로서 감각을 유지하는 데에도 아주 유용할 것입니다.

13 모든 글쓰기 책에서 결국 '많이 읽고 많이 써라'고 하잖아요. 그런데 손 가는 대로 읽다 보니 남는 게 없고 휘발되는 느낌이에요. 쓰기에 도움이 되게 잘 읽으려면 어떻게 해야 할까요?

휘발되지 않도록 하는 가장 좋은 방법은, 어린이들도 하고 있는 독서록을 만드는 것입니다. 하지만 모든 책을 일일이 그럴 수는 없습니다.

(개인적 취향이나, 필요 등에 의해) 그럴 필요가 없는 책도 있으니까요. 꼭 필요가 있다고 판단되면, 독서록과 함께 일부라도 필사(읽는 필사 포함)를 해 두는 것이 좋습니다. 물론 이때, '필요'의 기준을 다양하게 세워 두는 것이 좋습니다. 가령 문장에 도움을 주는 책, 플롯 공부에 도움을 주는 책, 장면 전환에 대해 참고할 만한 책, 소재가 독특한 책 등으로 나누어 해당 부분만 재독서하게 되면 최대한 휘발을 방지할 수 있습니다.

14 시간 관리를 어떻게 하는 게 좋을까요? (글 쓰는 시간 확보에 대한 노하우를 알고 싶어요)

작가에게 시간 관리는 억지로 시간을 쪼개는 것이 아니라, 주어진 시간에 맞게 자신이 쓰고 있는 작품을 배분하는 것입니다. 이를테면 일정이 드문드문 있어서 긴 시간 동안 집필에 몰두할 수 없는 평일에는 짧은 글을 씁니다. 즉 꼭지가 여러 개로 나뉘어진 책의 어느 한 꼭지를 밀도 있게 서술하는 것이지요. 그리고 일정이 없는 평일이나 주말에는 연속성을 확보해야 하는 장편 ES나 창작 동화, 청소년 소설을 씁니다. 어찌 보면 작가는 가장 자유로운 프리랜서이기에, 시간을 효율적으로 분배하지 않으면 겨우 한 가지 일정을 처리하느라 하루 전체를 소비해야 하는 일이 발생할 것입니다. 전업 작가로 생활하는데 1차적으로 필요한 것이 바로 스마트한 시간 관리입니다. 물론 쉽지 않은 일이지만 이 싸움에서 이겨야 더 앞으로 나아갈 수 있습니다.

15 글의 종류를 크게 문학과 비문학으로 나누고도, 이야기를 발전시킨 갈래가 매우 다양해요. 한 장르에 집중할 수 없고 다양한 갈래에 애정이 있고 쓰고 싶은 욕망이 있다면 어떻게 해야 할까요? 동시에 다 하기는 어려운 게 사실이고, 선택과 집중으로 하나라도 잘해야 하는 게 맞을까요?

다양한 글을 쓰는 게 좋을지, 하나에만 집중할지는 전적으로 개인의 선택입니다. 그러나 논픽션은 픽션의 자료와 아이디어가 되어 줍니다. 특히 소재에 허덕이는 작가들의 빈 곳간을 많이 채워 주지요. 즉 자료를 잘 관리하고, 시간의 배분만 잘하면 구태여 다양한 글쓰기의 욕심을 버릴 필요는 없습니다. 실제로 예전과는 달리, 지금은 많은 작가가 다양한 장르의 글쓰기 영역을 넘나들고 있습니다. 이는 매우 자연스러운 현상입니다. 어차피 '비문학'이란 말이 일부 학자들의 배타적인 태도에서 나온 말이므로 경계를 넘나드는 일에 대해서 위축될 필요는 없습니다. 쓰고 싶은 게 있나요? 그러면 쓰면 됩니다.

16 자료 조사는 보통 어떤 방식으로 하시나요? (기획 단계-스토리보드 단계-집필 단계)

기획 단계에서의 자료 조사는 일차적으로 포털 사이트 검색부터 시작합니다. 도서와 영상, 기사(뉴스와 각종 포털 및 블로그 등의 기사들)를 분류해서 저장합니다. 그런 다음 신뢰도가 높은 도서를 먼저 탐독합니다. 이때 도서를 직접 집중 독서, 모방 독서, 보조 독서의 기준에 따라 나누어 놓습니다.

위의 단계가 마무리되면 자료 읽기와 함께 스토리보드를 러프하게 작성해 나가기 시작합니다. 이때는 주로 집중 독서와 보조 독서에 의존하면서 스토리보드의 세부 요소를 보완합니다. 직접 방문해서 추가 조사를 해야 할 곳을 확인합니다.

그런 뒤 집필 단계에서 기타의 자료를 다양하게 참고합니다. 뉴스를 비롯한 동영상 등을 탐독하면서 사실 관계를 확인합니다. 이 과정을 반복하면 나중에는 익숙해집니다.

17 빨리 결과물을 내고 싶은 조급함에 시달릴 때는 어떻게 해야 하나요?

결과물에 대한 조급증은 신인 작가든 기성 작가든 누구나 똑같습니다. 다만 기성 작가가 상대적으로 더 느긋해 보이는 이유는 출판에 대한 프로세스를 이해하고 있기 때문입니다.

사실 결과물은 작가 자신이 비용을 지불하면, 1년 안에도 만들 수 있습니다. 하지만 그런 책을 쓴 사람을 우리는 작가라고 부르지 않습니다. 출판사가 자사의 비용을 지불하고 책을 만들 때는 그만한 상품적 가치를 가져야 하기 때문에, 따라서 작품의 내용이 그 가치를 담보해야 합니다. 여기에는 글쓰기 능력이 당연히 포함됩니다.

조급증에 시달린다면, '내가 지금 쓴 이것을 책으로 만들어 서점에 내놓으면 몇 사람이나 살까?'라고 되물어 보세요. 더불어, '나는 이 책을 쓰기 위해 얼마 오래도록 연습했고, 몇 권의 책을 읽었을까?'를 되새겨 보세요. 이것이 서점에 나와도 되는 책인가를 진지하게 고민해 보세요. 결과물은 절대적 시간과 수고를 필요로 합니다.

18 책도 출판 시장의 트렌드를 따라가는 듯 보입니다. 비슷한 종류의 책이 한 번에 여러 권 나오는 것을 볼 때가 많은데요, 트렌드를 따라가는 소재와 나만의 독특한 소재 중 어떤 것에 집중하는 것이 더 좋을까요?

트렌드를 쫓는다고 해서 무조건 나쁜 것만은 아닙니다. 순발력 있게 트렌드를 따르는 것도 좋은 기획의 하나입니다. 그러나 매번 그럴 수는 없으므로, 트렌트를 눈여겨보되, 한편으로는 트렌드에 영향받지 않는 레어 아이템 개발에 늘 주목해야 합니다. 시간이 걸리더라도 전략적으로 접근할 필요가 있다는 뜻입니다. 두 개를 다 놓치지 마세요. 당장에는 하나를 놓치는 한이 있더라도 결국에는 둘 다 갖겠다는 욕심은 꼭 필요합니다.

19 하루에 얼마만큼의 분량을 써야겠다는 목표를 가지고 쓰면 될까요?

물론 목표를 정해 놓는 것이 좋습니다. 장르나 분야에 따라, 숙련도에 따라 다르긴 하지만 적을 때는 원고지 20매, 많을 때는 50매 정도로 목표를 잡습니다.

사실 작가의 글쓰기는 스스로와의 약속을 잘 지키지 못하면 한없이 늘어질 수 있기 때문에 이 약속을 지키도록 노력하는 것이 중요합니다.

20 글을 쓰는 법을 알려 주는 책을 읽는 것이 좋은가요?

창작 방법론 이론서 한두 권쯤은 집중해서 읽어 둘 필요는 있습니다. 그러나 너무 의존할 필요는 없지요. 어떤 작품은 이론서에 들어맞지만, 어떤 작품은 자신이 읽은 창작 방법론에 들어맞지 않는 수도 있으니까요. 이론서를 통해서 기본기를 익히고, 동료 작가들과 합평을 하며, 자신의 작품을 냉철하게 볼 수 있는 눈을 키우는 것이 더 중요합니다. 그리고 사족하자면, 창작 방법론은 연구자가 쓴 책보다는 현역 작가가 쓴 책을 권합니다. 이론과 실제는 다르니까요. 작가는 자신의 경험을 토대로 쓰는 법을 알려 주고, 연구자는 자신의 경험을 토대로 해체하고 분석하는 방법을 보여 줍니다. 작가와 연구자의 '경험'은 아주 다른 것입니다. 작가의 것이라도 실질적으로 현직에서 떠났다면 연구자 혹은 독자와 다름없음을 잊지 마세요.

21 어린이책을 읽다 보면 캐릭터가 전형적이라는 생각이 많이 듭니다. 어린이책의 특성상 익숙한 캐릭터를 등장시키는 것이 더 나은가요?

전형적인 캐릭터는 안정감을 줍니다. 대신 긴장감이 떨어지고 진부해질 수가 있지요. 이럴 때는 사건을 다채롭고 빠르게 전개시키면 됩니다. ES 상당수에서 이런 캐릭터를 잘 사용합니다. 특히 ES는 정보 전달이 목표이기 때문에, 학습에 대한 부담감을 줄이기 위해서 이런 캐릭터를 사용하지요. 정보를 받아들이는 일이 재미있다면 덜 지루할 테니까요. 그러나 ES라고 해서 캐릭터에 마음 놓고 있지 마세요. ES도 궁극적으로는 평면적 캐릭터보다는 입체적 캐릭터를 개발하도록 힘써야 합니다.

22 이야기의 재미는 주인공의 시련과 그 극복에서 나오는데요, 어린이들이 정
서적으로 감내할 수 있는 시련은 어느 정도일까요?

어린이책의 쓰기 어려운 부분 중 하나는 독자의 정신적 성숙도를 다 이
해할 수 없고 경험치를 모두 인지할 수 없다는 데 있습니다. 그러나 이
것은 리얼리티와 직결되는 문제이므로 결코 소홀히 해서는 안 되는 부
분입니다. 그러므로 당연히 주인공(어린이)이 감내할 수 있는 시련과 고
통 역시 어린이의 수준에서 고려되어야 합니다. 보통의 수준에서 약간
과장되는 것은 문제없지만, 지나치면 작위성이 강해집니다. 이때, '약간
의 과장'의 의미는 모든 주인공에게는 특수한 사정이 부여되므로 그 특
수성에 기인하는 것입니다. 예를 들어 어릴 때부터 혼자서 자란 아이가
훨씬 독립적일 것이고, 운동선수로 키워진 아이는 운동 신경이 남다를
것입니다.

동화 작가를 위한
논픽션 글쓰기의 모든 것

1쇄 인쇄	2022년 9월 1일
1쇄 발행	2022년 9월 15일

지은이	한정영
펴낸이	김순일
펴낸곳	미래문화사
신고번호	제2014-000151호
신고일자	1976년 10월 19일
주소	경기도 고양시 덕양구 고양대로 1916번길 50 스타캐슬 3동 302호
전화	02-715-4507 / 713-6647
팩스	02-713-4805
이메일	mirae715@hanmail.net
홈페이지	www.miraepub.co.kr
블로그	blog.naver.com/miraepub

ⓒ 한정영 2022

ISBN 978-89-7299-550-0 (03170)